曾經

enlighten & fish 亮光文化

林夕字簡❹曾經新版▌寫於90前後 153篇生活筆記＋增訂10篇碎碎念小說

詩序 —— 是用血肉寫下的墓誌銘

想起曾經
那些瑣碎累積
老樹都已成精

曾經
無趣的細節為回憶點睛
天大的往事只剩虛驚

一說
曾經
就像敬老
是囿於傳統的神經反應

一說
曾經
等於認證

之所以有今日
又再與今天無關
都是徒然的後悔或虛榮
會勘
曾經
燦爛得很凋零
喧囂得很平靜
愚魯的變聰明
或靈活地
活到冥頑不靈

曾經
潑出去的
覆水成冰
心寒時無所遁形
飽暖時崩塌無聲

曾經
是在熱飲裡加冰
微甜
只要自己高興
曾經
是一本只屬於自己的
山海經
成書時真實幾近神怪
故而吸睛

曾經
流行過的歌聲
再平庸都自帶背影
遙聽過去
好或壞對或錯
安置在不對等的天秤
無所謂公平

當弄明白此刻的心情
此刻又已成
曾經
曾經又曾經又曾經
每一個曾經
也許都有新的人格形成

曾經
經過時間整形
不容否定
只能夠
羞澀或認命

曾經
是用血肉寫下的墓誌銘
是活過才知道的命

對於被當作人情辦的是非，須要刻意保守一點，把好奇心活躍於安全範圍內，免得鬧大了，把生活小情趣變成大災難。

這本書叫《曾經——林夕九〇前後》，其實是我在八十年代尾九十年代頭兩年出版過三本書的結合本，包括《某月某日記》、《即興演出》、《盛世邊緣》。

如今十六年後得垂青再版重生。

我想說的是，那時候的我，任職過大學助教、報館、電視台，同時寫七個專欄，包括報紙雜誌，因而充滿了私人日記的販賣，主要是對這個世界雜架攤的眉批；你可能不同意，但希望看完你會因而更加了解我而了解我見的世界，也有些在大學宿舍生活的感受；你可能沒有，但我希望看過後你會感同身受。

既是散文集，題材當然雜亂，但重溫一遍，那時候對身邊瑣事觸覺特別敏銳的我的確躍然紙上，文筆有點像李碧華加亦舒，但少年不免因年青而過分華麗修飾。本來不想拿出來再見人，但最後是一字不易，因為我們永遠都有可能繼續追求完美，可惜我不能叫時光倒流殺人滅口，否認當時青澀的我。

那麼就請大家認識一下一個初出社會做事並開始在娛樂圈寫歌詞忙得千帆並舉的人，對生活的體驗。

這艘盛載著回憶的「集結號」在時間中流過，在燈火闌珊處再次校對，一回首才驚覺書中的我，與今天的我，已相距差不多兩個十年。

多虧我曾經把那些專欄當日記來寫，因小眉小目而留下了那麼多感受的碎片、生活的片段，現在才能觀照從前的我，原來是這樣看人、看事、看物、看世、看情。

我曾經寫過這樣的歌詞：「我們每一天成長，難道就是為了遺忘？」不，可待成追憶的當時，都是我們的親生骨肉，就算從前太天真太浮淺太過敏，都不容眼睜睜看著這斷章流失，萬一有天又悔恨變得太現實太世故太麻木，說不定能從回憶中重拾隨興飛翔的力量。

我曾經在一個名為「為悲情歌詞解套」的講座中，用今時的心態和語氣，唸讀昔日的歌詞，那是一場今昔的角力試驗。我發覺，原來曾經寫下的惘然，亦早已預伏了答案，同一樣的風景，不一樣的看法，得出不一樣的解讀，只因我們都在莫失莫忘中邊走邊唱，邊唱邊成長。

不如提議大家也玩一玩這個遊戲：重新審視過去，像觀賞他人的戲，看著那熟悉又陌生的主角七情上面，有時覺得他真絕、真玄、真怪、真笨、真傻。但，背影是假的，心情是真的，那是真人真事；忠於當時的我，和相信現在的我，相認時有沒有覺得難為情？曾經過的滄海，如今有否難為水？

每個人都是有過去的人，過去也都曾經期許自己將來變成怎麼樣的人，假如兩個自己在時光走廊上重逢，今天的我會為往日的我感到慚愧，還是令昨天的我失望？

假如我們每隔十年都寫一封〈給昨日的情書〉，又會為那逝去的歲月作甚麼補白、會為過去的「我」發出甚麼溫馨提示，好讓現在活出一個更理想的我？

今天由過去一路走來，而未來也為今天而改變，所以，撫摸那可愛或可憫的曾經，就恍如捉摸一下未知無解的將來。

我們雖然不能不對「曾經」說再見，但時間慢慢爬過皮膚的感受、時代流轉的浪花，停駐在心中，可增可減、可生可滅，只繫於一念。

2014 — **曾經**

起初　你曾經有血有肉的　日誌
巴不得　拍成賺人感慨的　青春片
其後　曾經自以為是　敏感的絮語
他人看來是齁嘮叨的　不連續劇
到頭來　你也成了　他者
如偷窺了千萬人殊途同歸的日誌
省略了　咦唉喔嘿
無驚　無喜　也無悲
百年　之後
沒能在明通鑑清實錄中走過場
倒是閒人的　小幸福

目次

第二章　世紀末荒涼

第三章　總的是牽纏

第四章　活著自活著

第五章　此愛

第六章　感動

第七章　寫於青春的極短篇

第一章

一個人的味

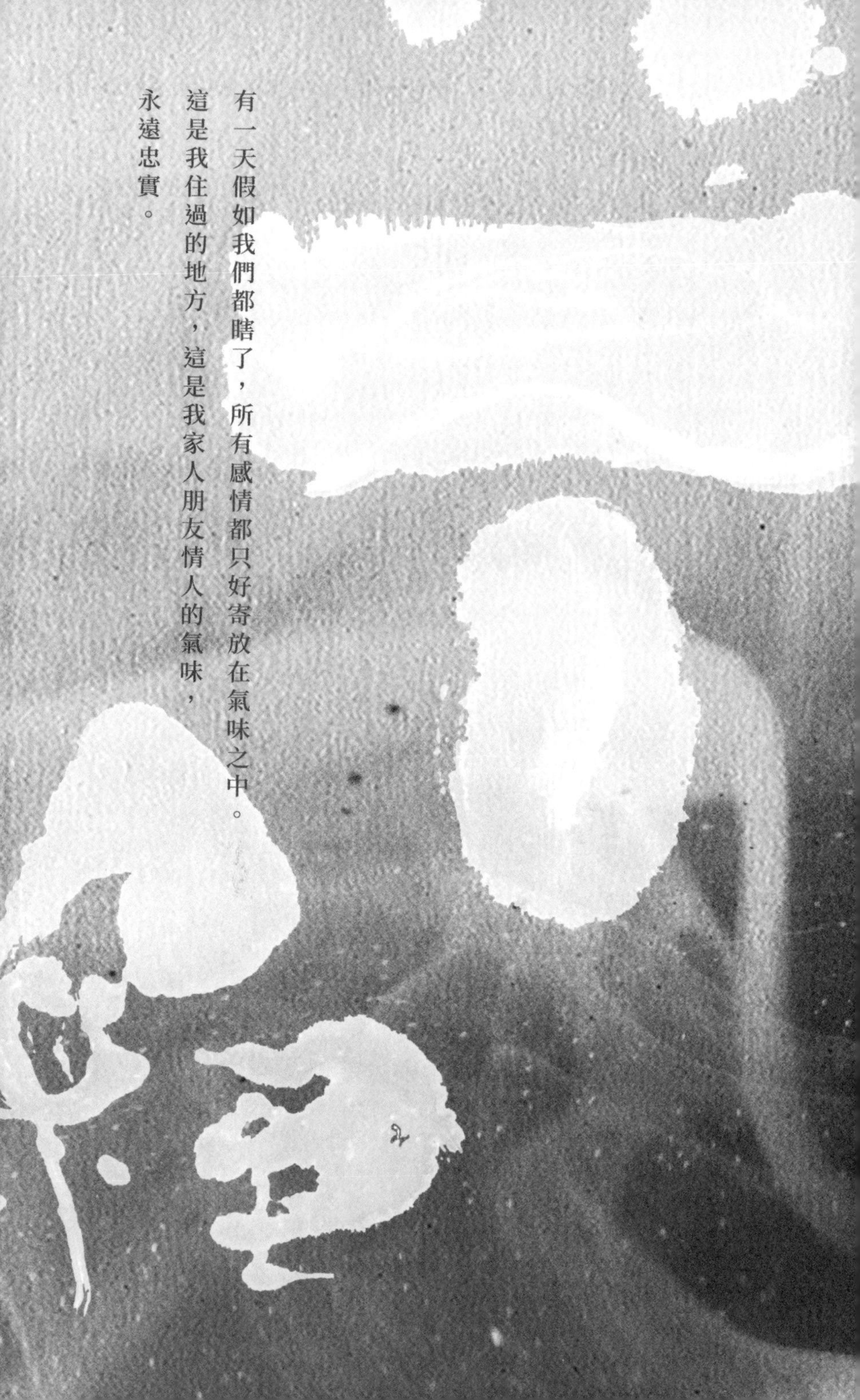

有一天假如我們都瞎了，所有感情都只好寄放在氣味之中。

這是我住過的地方，這是我家人朋友情人的氣味，

永遠忠實。

這個二百呎左右的房間，搬進來的時候，有兩個看見海景的窗，便非常感動，如今三年了，一千多天之中看了多少次海？原來都不重要了，現在才發現的。最初入住的幾晚，四壁蕩然，留戀的自然只是海。然後，牆壁不再像當初光滑了，像一塊磨老了的皮膚，有些被椅背擦成一道白色斑紋，這時候，房間的四壁才屬於自己。

如今要搬走了，看著滿室的凌亂雜物，才驚覺，已經那麼多了，三年內逐樣逐樣從外面買回來搬回宿舍的，每一袋要走多少級樓梯才到達。所以說，海並不重要，在這裡置下來，不經意藏在牀底的餅乾罐、拖鞋、廁紙才重要。雖然因為過分細碎又執拾得不夠系統，搬了多少次還剩下一個爛攤子。但這樣好，每個茶葉罐每張過期無用的單據都是我在這裡生活過的證據，怎麼可以輕易連根拔起？

下一任住客來催，我們都聯合責怪他小家。其實，這只是他對新居憧憬而已。但為甚麼會覺得厭惡反感呢？是的，我應該把這裡收拾得乾乾淨淨，吸盡地氈上每一粒塵，令每個人都看不見，這裡有人住過。※

在S還未把他的潔癖和衛生常識發揚光大之前，我們一大群人經常到西環火井的大排檔消夜。

那時，還肯無拘無畏地吃椒絲通菜、炸白飯魚、椒鹽鮮魷、豉汁魚頭。雖然一邊吃，他會一邊提醒我們，這些地方，通菜不會洗得太乾淨，時有蟲卵藏在葉莖之間，又，炸魚的油不會太純淨，而且那地面一片片污黑，誰也不敢多看一眼。

不過，他總仍開懷地吃，唯一絕口不碰的只是青蠔，據說含大量重金屬，服後累積在人體內，不能排出。他邊說我們邊吃。

這只是一年半載之間的事吧。大家都已經沒有再到火井吃了，當然並非由於受了他苦口婆心的威嚇。

他們現在到哪裡吃呢？其實也不太清楚了。至於我，有時變本加厲在自助餐中吃二十隻生蠔。但更多的時候，我寧願在滾水裡燙熟一兩隻蛋。然後放在冷水中解熱，剝殼，最好是半生熟，一口吮下去，簡便快捷，或者掀起那片薄薄的蛋衣比較艱難，但無油無垢，吃完用報紙一包扔去了便是，乾手淨腳，營養衛生。一個人這樣吃最好。※

氣味——

新屋有簇新的味道，舊地有故舊的氣味。如果地氈的作用是吸納和儲藏的話，它一定會隨著落地的年月而變得複雜和衰老。在夏天，一間住久了的房間。緊閉著窗門，主人回來後，踏熟了的地氈自會發出異樣的氣味，齷齪而充滿人氣，然只在初開大門的一剎那，身體衣服帶著外面陌生的味道才比對出來，坐久了，便了無知覺，無臭無味，無動於衷。

舊氣味就有這份令人安心的氣度，不像新屋，油漆、天拿水、塑膠、木，不留情面刺激鼻孔，一切從頭再來。睡在剛洗熨好的牀單被褥上，潔淨清明而冷漠，就像擁著一堆臭丸入睡。

故不如睡在別人的牀上，捏著大堆飽經摩擦的布狀物體，滿懷那人的氣味，故舊安詳。

據說狗的一切起居行藏都以氣味為依歸，而我們人只依重一雙眼，所以好色。有一天假如我們都瞎了，所有感情都只好寄放在氣味之中。這是我住過的地方，這是我家人朋友情人的氣味，永遠忠實。因為連指頭都不大可靠。皮膚會日漸衰老皺摺，像一幅頹敗剝落的牆。※

興趣一

大家可以公開的興趣自然是閱讀音樂舞蹈話劇之類，非常高尚，其實這是個艱深的問題。

我會這樣回答：我喜歡寫。故作被迫地寫，在趕忙倉促地寫（看，又給人催交貨了）。這樣子提醒我，寫已經成為一種需要，一種職業了。於是可以保證，即使將來提不起勁，筆仍然要執下去，便非常竊竊自喜。我又喜歡填，填完之後偶然受命改一兩句，或者全首從頭再來。有時略加辯護，有時全力迅速修改，以顯示實力，以訓練耐力。我又喜歡人。動手動腳，講是講非，會面告別淺笑喝茶睡覺說話問候分手安慰笑容近況和寄望，都非常有意義。也可以說，喜歡人才喜歡寫。此外，我又喜歡垂一撮頭髮到眼角又用手撥它再讓它垂下，不斷循環。喜歡煎二成熟的牛扒切開時有血流瀉。喜歡擠鼻端的黑頭。喜歡煲水沖茶。喜歡看八卦週刊和龍虎豹，喜歡在空氣中淫蕩。啊，這樣瑣碎，都是我的興趣。

我不喜歡平日有乜嘢嗜好這個問題。我喜歡興趣，它們不單是一批生活習慣，而且會慢慢融入生活這職業裡面。※

生日——

今天是本人生日——不，不是見報的今天，是我的今天——看，生日是多麼個人的事，我的七號，你們的……十號了吧？雖是一樣的內容，千般勾勒，硬化為一種字體，我寫你看，似有牽繫，實則無關痛癢：文章、生日和瓜葛。

往時生日，總在事前憂心，事後氣憤，一個起伏的夜，數算著誰厚待我，誰對我不起，居然忘了我的生日？

往時生日，總選播些心愛的歌，從前的我……如何如何過……又過了生日，必備的寬慰，刻意的深度，許願的時機，盡在今時——過得多幾年，卻又冷淡了。誰對我好，當然好；不好，不要緊，自己對自己好便是了。

像我，連續兩年差點忘了生日，多好，勝過從前在心理上苦苦籌備。寫著、填著，又來了，放下筆，聽電話，飲食，坐車和笑，然後我想靜一下——這才像生日啊——執拾混亂的紙和字，不想睡，便沖了杯深沉的普洱，墨褐色，看不見杯底的舊茶漬。

還是不喝了，由它丟涼，喝下去便睡不著，我疲倦，很想睡覺。※

牆壁沒有半點溫柔，它只是一層不必要的皮膚，包裹著我。

流了一身汗，不如洗澡；水總是柔軟而清涼的，就來個花灑淋浴或者泡泡浴。

平日我喜歡淋浴，人在花灑下，一條條水圍成一個圈，罩在身上，撞向我，但絕不拖泥帶水。肥皂沫剛才還在臂上，雙手只移動一下，便又消失了。抹身的時候，茸毛擰著皮膚，都是一片清明的。雖然這只是無用的自信。

但今天想來一個泡泡浴。擁在一堆洶湧的泡沫當中，終會流失但還不曾流失，自覺十分安全。一番活動掙扎之後，一切完整地留在水中，會不會在抹身時看見一兩點污垢在皮膚上？最後，我卻扭開了花灑，水撲進眼耳口鼻之中。根本無從選擇。這裡只是個公共浴室，就只有一個花灑喉，伸出來向著我，有時吐幾粒黃鏽。

有時我甚至懷疑，是不是連水也快要僵硬了。因為它流著流著，竟然便熱起來。※

夜半電話——

從前的深夜時份，總是小心翼翼。用耳筒聽歌，開暗暗閃縮的燈。因為並不止我一個人在這片黑漆中，所以非常惶恐，特別是夜半的電話。每次我都第一時間接聽，漸漸，這些電話都悶響一聲便給我制止了。

誰呢？都不要緊。凌晨一兩點打來的電話，背景一片黑暗，焦點永遠聚在對面樓房的微燈，想像對方也是如此景象，我們大家就在黑暗之中相對，距離忽然拉近了，語氣措詞都比較容易顯得真誠。誰呢？是一個聲線好像有點抖顫的人。啊，原來他說他剛遇了鬼。這個我熟悉又接近的人，居然發生這樣離奇的事，且在夜半不嫌冒昧打來，而我是他唯一的最終的聽眾。拿著這聽筒，我們的聲線都有點抖顫。真好。而這是四年前盂蘭節的事了。

現在我一個人獨守著這房子這個電話。一兩點仍電話頻密。

誰呢？可惜燈光火著，我活在自己光明的天地之中。

誰呢？原來是一個追稿的電話。而四年後，今天我才慢慢開始懷疑，那遇鬼的經歷是不是真實的。※

因為屢次在下午三四點鐘打開門出來，讓其他人看見紅眼睛亂頭髮，那些人便問，你病了嗎？我大多詐作支吾，其實很想乘機衝口而出說，我病了。

當然，真的有一點咳嗽，鼻敏感鼻塞。但怎麼可以就此說病呢？還可以坐起來做一些本來很喜歡做的事，例如寫。還可以吃，鹽焗雞和公仔麵。還有興致在半夜從雪櫃偷別人的雲吞來煮麵。還可以笑得很自如。用冷靜明事理的口吻教人應該怎樣不應該怎樣。一片好景，怎能說病？

但我喜歡騙取半生不熟人脆弱不濟事的關懷。是病啊，熟透的大多因為自己的關係身份而不得不盡人事，半生熟的反而有新鮮的喜悅。有一個本來很熟的男子，平日對我很是粗暴，說話相迫得緊時，甚至懷疑是不是真的有惡意埋伏在內。這個下午他見我躺在牀上很久很久，使用慣常粗硬的語氣說，怎麼不起來，睡得太久會生癌，我認為你應該寫寫稿了。見我不答，又繼續說，病了嗎，病了也要起來，給你開熱水洗個澡便不礙事了。真後悔告訴他我沒有病，只是吃了敏感藥，想睡，很久，很久，很久。※

番茄

從母親的家也是我的家，帶回一袋番茄。

宿舍在荒涼的午後，特別荒蕪。於是想到吃番茄，鮮紅的番茄。

母親說一個人在家很寂寞。

我咬破了一個番茄，嫩滑的皮膚，甜蜜的痛苦。指頭沾了一滴血，我有衣食和家教，便把它啜回嘴內，甜蜜的血。

母親說當初得以被動地脫離他——我的父親——的羈絆時，也有逍遙的寂寞，現在卻只有寂寞。

其中一個番茄是怪胎。一個蒂，卻漸漸由核心分衍出兩塊肥肉，兩滴凝固的血。但皮膚皺摺得很痛苦。我便不忍心咬破它們，更何況用我剎那間柔軟的嬰兒的牙齒。

母親說我不常回家，問我為甚麼這樣戀棧宿舍？香港？西環？不如索性搬到西環？

母親說很寂寞。雖然說來有點生硬，一個如此氾濫的書面字眼，虛浮地重擊著。

我吞下所有番茄和血，午後便又再少了鮮血的滋擾。回復單色的寂寞。※

一大班人從戲院裡笑得很痛快地走出來，那是一齣鬼戲，但很惹笑，結局雖然人鬼永別，但畢竟傷感得不徹底，故無須認真。

誰知，他，居然便借意難過起來，在回家的巴士上一言不發，只哼著微弱的歌。

同行有個眼較細的，問他有甚麼事。他說有心事。心事每個人都擁有一大堆，不過只有他才知道為甚麼在這時間才猛然憂鬱起來。

因為有一隻慘歌要寫啊，最好寫永不可得只可觀望的感情。而從戲院出來一剎那，他便想起了這樣寫，遂因傷成毒，暗下決心盡力傷心。

一回去坐下來便聽歌看譜預備寫。但不知道是不是想得過了分，很多真人真事抑制不住便上了頭，像太多的酒精留在腦部，思想無法活動起來，一發不可收拾。

後來傷感的戀歌沒有寫出來，故事被迫延遲發生，因為他患了流行性感冒，暫停營業兩天。

睡在牀上，每寸骨節都在痛，每個睡姿都好像不大妥當，這時他模模糊糊輾轉反側，想著，為甚麼手腳怎樣擺都覺得不太協調。※

令人苦惱的問題—

有些問題真是令人非常難過、躁暴、不安、焦慮……

例如：最近你有甚麼作品呢？

應該怎樣作答？如果是流行的，早便風聞了，還說甚麼？問甚麼？不過是堆陌生的歌名，旋律內容感覺，眾皆茫然。最痛苦是有些根本對唱片或收音機不聞不問，不過為盡朋友的責任，問問而已，以為驚天動地的歌，沾沾自喜，誰知他們毫不動容。

例如：最近你替甚麼人寫歌詞？

無分先後遠近流水帳般羅列出來，有賣弄之嫌；只說紅的不說黑的，有勢利之嫌。只說近，如何近？須知，這只是個流水作業的程序，很多都不過是半晚一夜之間的產品，怎樣說最近寫甚麼呢？又例如：你最近寫的怎麼都轉了風格？

甚麼叫風格？這是流行歌。誰都知道，但誰都感受不到，我們所見到的只是個流行的片面，每張唱片內有多少無聲的歌？內裡有多少壓扁的詞？不起清每個作者作品的底細，怎樣有資格說誰的風格變了？我們聽到的一面，未必就是最好的一面。流行是天時地利人和的總和，文字只是微末被動的一環。※

我知道，實在病得很重。

傷風感冒的感覺實在不是吃幾粒特效藥就可以止得住的，何況這只是感覺。自從搬到這裡來，一個人，便像感冒般昏沉。

日光特別容易軟弱，因為無人來扶起。以前在宿舍，間歇闖進來的人聲或人影原來有這樣的功效，縱然懶睡在牀上，總不致沉淪得太久，總會有人來撩醒。或者吧，偶然一個電話，說兩句話，可惜往往六七小時未開過腔了，應對生硬，聲線沙啞。這顯然是另一種難以治癒的感冒。

黃昏隔鄰廚房傳來香暖的油煙，砰砰嘭嘭的碗碟聲，因為太靜了，近得就像有人在自己的屋子內煮食。這些經驗我也曾有過，肚餓的人總在公家的廚房附近徘徊，有時集合了幾個同道中人，便各獻所有，一個出麵，一個出罐頭，一個出汽水，合作弄一頓消夜。有時或者在雪櫃偷掠別人的，有時又因為成了受害者，蛋或火腿無端給掠去了，便反過來斥責偷食物的人欠道德。

不過現在太安全了，一個半空的屬於自己的雪櫃，吃多少就剩多少，一分一毫全落在自己的嘴裡。大概也應該順道取兩粒藥吃，或者吃兩匙蘆薈汁，消除病氣，營造健康的味道。不然，如何作活？居然在一首浪漫溫柔的調子裡填滿這些病態：「揮一揮手不必悲哀你我定然再相會，只恐即使故意約見心境再難像以前，今天光景當天光陰變了便無法想念，只知道要繼續在歲月中作戰。落拓心事總要對人說，每次只得你在苦笑同意……」

這不是病得眼都灰了，藉故發洩麼？所以有時從外歸來便抖擻精神決心痊癒。然而以前回到宿舍便有無數的無聊話要說，現在當我鼓起一口氣要努力繁忙的時候，才想起，再不可能找個人對他說我要痊癒了。

當然即使病得更深，還是死不了的。在分離轉徙這些事上，誰也死不了。

天下無不散之筵席，既然現在散了，不如就吃兩隻熟雞蛋，簡便利落。有了一點暖和後，便可以起來扭開唱機，聽南音，客途秋恨，更蝕得徹底些，反正有了倚恃，垂死卻是死不了的。待歌唱完後，我便懂得告誡自己，放縱這種無益的傷感，只會妨礙正事。讓我寫更多浪漫勵志的歌，忘記感冒的感覺。※

氣短

那些宏宏巨著動輒寫上八年十年，真是佩服，我氣短力弱，想起下筆寫的是三四萬字（例如交功課論文）便手軟，常常為自己預設休息時間：路太長，要寫百張稿紙，一定會累，到時精神思想透支，便不好了（雖然還未寫，只寫了兩張紙）。

另一個證明我氣短的事實：心急，最好即寫即見。寫報紙就有這個好處，製造的只是短暫的經驗，只屬於那片刻光影聲色的組合，延誤彌久，便沒有意義了。

要是十年才竟功者，別說筆法眼界有轉化，連人也變了。況且，等待是世間最酸苦的經歷，最陰毒的刑罰，張愛玲最痛快的說話便是：來得太晚的話，快樂也不那麼痛快⋯⋯所以越發要催，快，快，遲了來不及了，來不及了！個人即使等得及，時代是倉促的。

很多人寫罷大小作品必須註明生產年月日，草於何時，改於何日，定於何日。當中大有供日後印證研究之用。當然，大部分文藝嘢由下筆到見人，快則三月，慢則一年半載；屆時，便成為一段歷史的見證，作古的軀殼卻再也不能套回今日的靈魂了。故氣短也不純因功利。※

白話——

在文教版見一位投稿者誠懇正經地談寫作之道，很隆重引用余光中先生的說話。投稿者說像我等寫作人，大忌是病句和廣東話。然後引余先生：香港人如果不能擺脫方言成分，對作品流遠程度，影響甚大。

本人甚迷廣東話，又不敢說普通話，下筆常文白廣夾雜，而余先生永遠也不會體諒這種自戀加自卑的心情的。

先談自卑。寫作雖然是生活裡頭最重要最神聖的部分，然而最終也不過是一些潔淨的自瀆行為罷了。只在單薄的稿紙和短暫的報紙上寫自己給自己看，幾時有過傳之於後世澤及萬代的妄念？

余先生在書序中說過自己寫了這麼多，自信也已在文學史上寫下一定的重要性／地位／價值，之類。但這種話只有大家名家才能說。

再說自戀。廣東話的陰險毒辣成分早已深入骨髓，有時寫得興起，不免要在紙上出現，才覺對得起自己。那是廣東作者最虔誠最忠於自己的時刻。

是不是生來命苦呢？很想探問用純粹白話改寫自己家常對話的廣東名家，有沒有為自己感覺改頭換面的感覺。※

你喜歡嗎？——

隨便說說，總是輕易廉宜的。

你喜歡我嗎？我喜歡你。

你喜歡西環嗎？我喜歡西環。

我喜歡西環的古老建築。每一條柱都很細緻，一種現代建築欠缺的精緻，凹凹凸凸，對抗冷漠的幾何線條。

石屎的外壁，輕裂的質感，像芬芳的陳皮。

修長的木窗，整齊的方格，給人結實而溫柔的感覺。

我喜歡西環僻處一角，據守著原始的碼頭，側望中區的先進——而時間是一個輪，拖拖拉拉，快要輾過了。於是要趁機活在粵語長片的環境裡，最後一瞥也是好的。於是有這樣的念頭：找一層樓，玻璃窗舊得貼滿了X形的膠紙。

我憑窗看街，街中人看我，這男子真是風雅。夜了，我點一盞銅殼的油燈，開鏽銅色翼的吊扇，在幽幽的淺褐色階磚地上，寫稿寫日記，墨水化在輕薄的紙上。

燈光掩映，原來一群飛蟻在霎動著。有一隻掉進杯中，翅膀貼在水面，化成茶色，好像是其中一朵浸老了的菊花。然後，我倒了那杯菊普，跑很長很闊很暗的木樓梯，每一步都非常響亮。我要到街中的大排檔吃白粥油條。

於是我說，我喜歡西環。我對甲乙丙丁說。

但甲說：舊樓光線不足，長期晦暗，細菌容易滋生，牆壁發霉，一陣腐臭味，老鼠蟑螂特多，連坑渠也特別臭。

乙說：你又要安裝冷氣，又要有浴缸和電熱水供應的浴室，怎可能住殘舊的古屋。

丙說：西環一陣魚腥味，舊樓又潮濕，你會鼻敏感發作。

丁說：舊屋十間有九間死過人，有鬼。

在霓虹熄滅的時間，路燈把樓房沖曬成單純的慘白色。我在街中舉頭仰望，會說，我喜歡這樣一幢樓房。因為，我從未走上那樓房的階磚上，從窗框向外俯視。我只在街外徘徊。

你喜歡嗎？我喜歡。※

吃和睡以甚麼氣氛進行才適當呢？應該是有潮流的。

小時候常常聽父親在飯桌上督促，教導我們「食不言，寢不語」。

但直到今天，還是想不通為甚麼有如此專橫的金句。各人有各人的飲食睡眠習慣，幹麼要代代相傳，薰陶我父親一輩再以壓制我柔弱小輩，用沉默來吞嚥每一粒白飯？

說是為幫助消化吧，但一家老少一言不發圍坐著咀嚼食物，似家禽走獸覓食多過像人。且氣氛僵硬，肅穆得像圖書館閱讀室，甚麼胃口也冷掉了。

今天，每個人都藉共進午晚餐為交談機會，很多交易也在食必言的情況下完成。要是「食不言」，怎麼茶樓大多唧唧喳喳像個雀籠？至於「寢不語」，更是荒謬，獨個兒入睡當然難以自說自話，但要是有一兩知己在旁，便是擁被談心的良機，被閒話廢話真話慢慢哄睡，總比數綿羊健康吧。

古人為甚麼那麼畸戀著沉默？可惜都作了古，不能對質。※

花心

本人種植盆栽的業績一向不佳。

P在他報專欄上提及此事，便說我顧得談天吃喝睡覺，盆栽早已枯乾凋零。哪有時間隔天澆水？他並且企圖藉此而分析到我的性格問題，不夠細心恆心慵懶之類吧。而我是他至誠的朋友，忠實的讀者，每個字都先睹為快，細心揣摩。於是拿著他的話想去，彷彿是我害死了許多不被珍惜的小生命。

「男子樹蘭而不芳」這句玄妙話，有適度的空氣陽光，酸鹼度、排水度恰當的土壤，經由男子手或女人手澆水，花香都不會有變，無謂把花草人格化得過分。

其實我又想說，花就像人。即使知道一盆花的需要，也不一定養得活。每天撫弄著花盆，左搬右擺，一味施肥淋水，反而壞了大事。心不在焉的關注往往最見效用，不動聲色，不隨便移動花盆位置，影響光度，枝葉長得壯才施肥，不在不適當時間催谷。花肥太濃，受不來，便死。而即使種種軟硬剛柔手段都極自然使出來，久缺良好環境，還是白費氣力。

不屬於你世界的花，開著，終於也會凋謝，或因耗盡精力，或因水土不合，離開不屬於它的世界，有心有力卻又無效。

花猶如此，人何以堪？

我其實很想當著面向P自辯，可惜這猶如盆隙滲出的水，積在盆邊的肥鹽，凡事過了頭，著了跡便不好，所以寫在這裡，希望他會看見。

可是他又不是星島讀者，除非，死去的植物重新發芽。不過我知道當初所以凋謝，當中埋著許多陳封的原因，怎麼可能忽然又復活？※

下雨天

如果說，喜歡下雨天，低低的灰色壓著闊闊的地，很多人一定認為那是為了表現自己憂鬱個性的緣故。特別在這年頭，喜歡低調總比愛喧嘩熱鬧安全。當灰色成為每個年輕人個性的資產時，說喜歡下雨天——便多了幾分真誠。

然而我卻衷心地不明白別人討厭雨天的心態。

有甚麼不好呢？……靜聽簾外雨，點滴到天明……簾外雨潺潺，春意闌珊……夜來風雨聲，花落知多少……等妳，在雨中……攔路雨，在我視線間不斷灑落在屋簷下……

或者不提這些，作者們美麗的砌詞，可能只是白紙黑字的副作用，給雨水一滴便沖去了。有一本衛斯理便說，水的衝擊運動會產生一種令人心情愉快的陰極電子。或者不提這些，科學解釋不是每個平凡人的本分。

或者忽然變得很實際，覺得打傘是很吃力的一回事。雨水爬進頸項溫暖的皮膚滲進鞋尖侷促的腳趾間，雨忽然討厭起來。但雨雖然從此不好看，我們還是不應該討厭雨天的。

中學時同學已經學著他們的父母說我們的將來，說雨天甚麼地方也不好去了，最好專心致志地打麻雀。是的，四個無處可避的人，就因外面的雨，特別心無旁鶩，投入做一件本來簡單的事。

而我喜歡雨天的理由比較簡單——一個人悶在家中太久，慢慢便不安分起來，想著到處遊玩的好處。幸而下雨，雨在街上潑，卻潑不進屋內。人靠在一塊玻璃窗旁，便會覺很幸福。這個家還是像個家的，其實並不太壞啊。就這樣，一切不滿都淋熄了，漸漸又恢復先前的安分。

無數下雨天，我都這樣想，一片好心情，凡事積極，連寫字都用力。※

遠行人

我並不特別喜歡旅遊，只喜歡和喜歡的人在一起，到甚麼地方都無妨。

即使不是在深圳，只在深水埗，能夠在一起，做過一些事看過一幅風景便好。不過，如果是外遊，事情更加重大，又要過關，又要證件，不知不覺便共同幹了番大事似的，方便日後回憶。

身在外地，比留在香港放心，平常各有各的家要歸，聚會時不免各懷鬼胎，望一望手錶以為急著要走了，幾乎沒有一刻平靜過。如果在異國，大家都無家可歸，午飯吃完，還是要一起看景遊地的，晚飯吃完，要看錶便看，頂多是一塊回酒店，同歸於睡，明天再來，逃不了。

你睇到嗰撻地方好，佢同你一齊睇嗰撻地方就更加好。如果唔係咁好，有佢喺度都唔衰……這真是旅遊真理。找得到一個你這樣著緊的人去玩樂，而他又願意作伴，還何須花心思在行程設計，三天這裡四夜那裡？飛機火車船？只要一起就好，其他統統豁出去了。

問題是，這個人又哪裡去找？找到了，何止旅遊？甚麼都可放開不計較。找不著，或不那麼稱心，便只有寄情於食宿問題，交通問題，研究當地風土人情，背熟歷史文化資料，才找著遠行的意義。※

茶餘飯後說到近況，我便報導週前連睡二十小時的輝煌紀錄。一個體形肥胖但又常蹙著臉的連忙按語：食得瞓得，真係好。

是的，有甚麼不好？吃飽了自然想睡，睡著了自然不會有能力想生活裡頭不愉快的部分，到睡足了醒來又容易產生希望在人間的感覺，最好不過。可是，如果還對清醒時想要做的事有一點快意，還可以得見想見的人，那又為甚麼捨得花費二十個小時來睡覺呢？

不過據我們慣有的感性知識所得，失戀失意便順帶失眠，積習下來，連平日難得憂鬱的人也會想當然說：多少個無眠的晚上……就造型而言，輾轉反側睜著眼看天花板，比較容易顯示感懷沉思的狀態，誰又敢向人訴苦，我為你睡了幾日幾夜？吃了很多很多？

胖子一定不曾試過懶在牀上，知道是午後，也知道是週日，時分針停到哪裡卻不相干了，連週日的燦爛陽光都懶死在無人的屋內，多活一分鐘又怎麼樣，繼續睡下去是有益的，潛意識會叫我們繼續昏迷，糊塗幸福下去。

可是我並沒有向他解釋這個道理，或者他失意而失眠，是因為大局尚未抵定，有太多問題吧？他她祂它牠？……尚在懷疑是否還有處境好轉的可能，所以失眠。而我往往比較懦弱，不願意再等了，索性昏睡起來，先把事情看灰了再算。

如果一定要為世上各種不如意事牽繫，打著鼻鼾流淚自然比張開眼想念好，起碼贏得飽滿的臉孔應付正常工作，方可以專心憂愁。

這原不是個問題。我最想問他的反而是：你手腳面龐這麼胖，心也一定廣了，為甚麼又常常皺眉？不過既然我們不可以答：我消瘦是因為高興得睡眠不足，我肥胖因為想念旁人不務工作只顧暴飲暴食，那為甚麼還要問？※

我的祖母和母親以及我的姐姐，甚至我的好友的母親，都不約而同認為生日之日不宜洗頭，一旦濕了，據說，每滴肥皂水都要在過世後，一一喝回。

這些母親們每逢自己或別人的生日，便謹記而且到處勸誡人，不要洗頭。剪髮也不好，好端端不要在生日傷自己體膚云。至於蛋糕，反而是其次的。吃了，只不過為身體攝取高度熱量，掟了，也只為臉上多添點白。

她們只重視好日子不要做甚麼，反忘了好日子要做甚麼得到甚麼才算是好。

好了，這天我收到第一份生日禮物。去年那是一隻錶，戴下去，錶是不易壞的，彷彿如今的錶都不易快慢，錶帶卻斷了。啊，斷，不好的兆頭，於是我把散落的零件全放在一個塑膠透明方盒內，生日前後置於牀前，提醒自己，好日子到了，而看著，竟又覺得它像個棺材，棺材，不好的兆頭。

或者有一天我會發覺自己也十分像母親和母親的母親，以及我好友的母親。她們絕不洗頭剪髮，而我絕對要求甚麼代表甚麼。我們拿著不同版本的通勝過生日。

送鐘不好聽，送錶，來日快了慢了壞了斷了也不好，太多象徵；杯碟壺鏡也不好，破壞了碎了，留下尖銳裂痕。到底甚麼才好？甚麼都不好，因為生日過於敏感。※

單身貴族——

一個人有甚麼不好？

既是一個人，有錢就比貧窮好。眾多三房客，單人匹馬租一個牀位住（其實只是宿），在各自的被窩中伸首應聲道：甚麼時候我們做了貴族？

從前一般都叫單身寡佬，孤家寡人，人生尚有最重要程序未能完成，故十分欠缺，百般不圓滿。

此刻成家立室的親戚遭受最嚴重挑戰，覺得年年月月，只能拖拖拉拉那一個或幾口人丁出出入入，再也無從選擇變換口味，實在不是優雅姿態。所以單身反而成為矜貴一族，而單身又將每個錢用回自己身上，更方便顯得富貴，中性循環，中產興起，遂由單身寡佬升級做單身貴族。

單身貴族並非不需要愛情，他們也嚮往男男女女往往還還，但往還而不貼身，充分明白愛情不一定就是婚姻的初級見習班，性愛是短暫的藝術，不僅是傳宗接代的粗重工夫。他們知道愛是常常見面，常常飲食，常常看戲，常常睡覺，但又不大願意看見對方頭髮蓬鬆、衣衫襤褸的景象；他們渴望相見於最精細的時刻，狀態攀高，眼望眼，並不覺得細水長流似有意無意的一眼是幸福；要見才見，並不需要「風大雨大逃不出一個家，看你幾時歸來」的安全感。

他們保留一條後路，一扇天窗，一個人有甚麼不好？聽苦情歌更加苦情，隨發隨意，音量可大可小，忽然淚流披面也無須要解釋，因為絕無觀眾，想清靜時絕對清靜，因為本來已有無涯的清靜，到孤獨夠了自虐完畢，又重投伴侶的懷抱，進可攻退可守。有時想到這個人有甚麼好？便運用貴族的特權，發揮自由民主精神。

可是千千萬萬個單身貴族，最後還是給褫奪了勳銜，受不住老來有伴的誘惑，寧願不分季候面面相覷，以「我們往這邊走，一同歸家」為溫暖，犧牲個體換回安全繁榮。

單身貴族大抵也不是不願意犧牲，有時著實是找不著成全他們犧牲做烈士的對象。當這些無從付出因而富貴的人，驕矜地，在週日在成雙成對的座位之間，剔出一個單身號碼，看一場戲，就應該看出，穿上佐丹奴一件印著「單身貴族」的T恤，代價高昂，並不止港幣叁拾玖圓整。※

魅力戲院

都說拍拖行街睇戲，不知如何，看戲便成為戀愛的重要節目。

再沒有其他好地方了嗎？本來光天化日坐下來好好談自己的事，不是更好的消遣嗎？走進戲院便走入別人的故事，又不可能盡情談笑，左右又有種種人物圍繞著。

或者這是光明正大無愛無恨的人難以理解的事，戲院的魅力，正來自它的黑暗。男子的手順應別人的氣氛在女子身上撫摸，而且，你明白嗎？一個人在一間房看著螢光幕，一個人在一堆陌生人中看著銀幕，跟雙雙向著相同角度注視，偶然會心互望有何分別。在漆黑中，你感覺著身畔人的存在，每一句對白每一個鏡頭，真是好，大家都一同看過。

一年公演百齣戲，一生看盡無數好戲，如果你有足夠的記憶，或會發現你和誰看過甚麼，甚麼又是和誰一同觀看的。如果你幸運，應該可以對人對自己說：大部分戲都是和她看的，我知道的，她都懂得。

誰又希望說：曾和他和她和他們和她們看過這個那個？誰想自己的記憶被太多人分割得支離破碎？

戲院是供戀人製造共同回憶的魅力場所。※

有人撫弄著心愛的結他，見身材可觀，便說：這是我的老婆。

有人開著抹得光滑的跑車，覺得如影隨形，便說：這是我的老婆。

在溫馨的文字也只有在文字裡我們才看見這樣的說話：你如果是一條毛蟲，讓我就做一片葉，你吃去我的軀體，我供給你養料，讓你終於長成美麗的蝴蝶，最後飛離我也無妨。你如果是一棵樹，讓我是一塊沃土，你的枝幹內有我，你長高了也帶我一同俯視腳下的天地。

在柔和的光線下我們才有閒想到這些比喻，在我身水身汗地為冷氣機接駁去水喉的時候，我終於感覺到誰才是真正的愛妻。

為甚麼從來沒有人把冷氣機雪櫃甚至梳化衣櫃當老婆辦？這些笨重的高價貨，在選購之前一定要三思才好，否則付了錢入了門才後悔，不喜歡一條邊的顏色一個掣的設計，雖然是瑣碎小節，卻已沒有回頭路，找人出讓恐怕也不易覓得對象。

你要待一張梳化敗壞而至退役，自己也得同時衰老才等得到那日子。所以當一個衣櫃新搬進睡房時，便有地老天荒的不安，是它了，無論有甚麼不滿，它就如山般穩固，除非狠起心腸將它劈碎。冷氣機漏水，又不夠凍，除了忍耐和暖的溫度，用漏斗張開口吞下每一滴水之外，還可以怎樣？或者待五年十年，機件壞了，又藉故遺棄，才可以重新選擇新的型號。

為甚麼有一種洗衣機叫愛妻號？※

其實黎明無須要等待，不知不覺地，多走幾條路，多兜幾個圈便又到了。當然，那得有一部車才可。

人在車上，港九新界便忽然縮小了。我們幾個人，漸漸遊車河成風，甚麼路都走過了，東區走廊、淺水灣、赤柱、大潭水塘、屯門、元朗、粉嶺……還可以到哪裡？

不如趁霧濃，上大霧山。

甚麼都看不見，車頭燈只照破前面幾呎的路，如果忽然有一個急彎要轉，那一定是一場意外的肇事原因了。

雖然這裡已經是香港的最高峰，然而走一大段艱難的路，原來竟為了看一些像雨粉般吹來飄去的霧。我們向荃灣的方向望，也是看見霧，轉望向元朗，甚麼都沒有改變，根本沒有分別，來到這山峰，四面披著灰色水點，如履平地。不過，償了心願總是好的。

後來，我們又回到灣仔，在紅燈區內慢駛徘徊，看色情貿易的交收情況。一名鬼佬捏著個五十多歲婦人的肌肉，上樓梯去了。啊，我們說，這麼晚，天也快光了，還來得及嗎？不知怎樣，看見這情景，肚便餓起來，我們在便利店買來一批冷熱食，吃著，平常都沒這樣痛快，大概只因為深宵不睡覺，百無聊賴在車上開向沒有目的的地方，也難得齊心，肯浪費時間。這樣，大家都像很年輕很年少無知的樣子，真好。

前面有警察設路障查車。問身份證職業地址電話，我們一一柔聲作答，忽然便回復了謙恭有體。又問，要去哪裡？

我們怎知要到哪裡呢？※

家教一

上一代總認為上一代負責教下一代。

特別是從前的老人家，遇著子孫有不符合大體的事做出來，一個個便爭先自責，坐在酸枝大椅上氣喘喘，數家門不幸，教子無方起來。

下一代往往感到奇怪，何必要事事一力擔承搞上身呢？有老師的錯，有社會的錯，有上帝的錯，也有自己的錯……

何況論到「教」字，下一代才辛勤得緊，要教上一代怎樣校時間製錄電視節目，怎樣分辨冷氣機冷熱強弱掣，甚至，或者，如何避孕。總之有來有往，一邊負責道德，一邊專講物質。

至於我的母親，講授範疇卻比較廣泛。

她傳授我烹飪常識，弄清楚白鱔秤尾與尺尾之別，一種骨多一種骨少，蒸熟了的魚胸鰭不直豎，就不是游水貨色，用手捏雞胸一口氣吹動雞尾嫩毛，上下其手一番，就知道那雞肥不肥，是不是雲英……教會我甚麼叫「飲德和食德」。

吃著，也不忘家國大事。在家鄉雞初征香港時，我們整天嚷著要吃，她便說，那不過是雪藏雞。見日常灌輸的飲食文化不奏效，便曉以民族大義，厲聲道：「家鄉雞，家鄉雞，你們家鄉知道在甚麼地方？」

後來我搬出來獨居，她堅持要在新居拜神，在四個角位放四個蘿蔔插香燒燭，必要這樣才住得安心。我算是下一代，自然覺得這是不切實際的智慧。

祭神儀式完成，她望出窗外，不望風景，山光水色一番，反著眼於對面後窗一群白鴿，說：「唔，有人養鴿。」

我答：「是的，有人養鴿。」

「有鴿便不好了。」

「為甚麼有鴿又不好呢？」

「很吵。」

「不過區區幾隻白鴿，又吵到哪裡去呢？」我以為這又是無謂的憂慮，沒有根據的傳說罷了。

直到，我看見鍾玲玲寫的：「只因在潮中的不能說潮，在雨中的不能說雨。」我覺得這話不是絕對的，也可以反過來講。……不是的，我應該說，直到，很多個夜，睡不著，便聽見窗外一陣陣嬰兒的呻吟聲，又哪來這許多嬰孩伏在窗外牆外？

終於明白那是白鴿聲，像聽見母親胸有成竹說：「很吵，很吵……」原來如此，所以我說，在潮中方能說潮，在雨中方可說雨。

只要待到某一個時間，某一個光景，一切終歸會明白了解的。※

解夢——

有人特別關心夢境的顏色，是黑白還是彩色？如果還再進一步在醒後研究光暗問題，追溯各種色彩配搭是否相宜，這人一定是個攝影師。

有人在夢中便急，於是四處找廁所，誰知諸多障礙，不是去路忽然轉彎，便是有硬物勾住衫尾，到幾經辛苦對正廁盆，卻赫然發現貼滿了萬國旗，怎好意思一口氣向眾多國徽敬禮？忍。便醒了，而牀單也濕了。原來萬國旗是一群警告訊號。

有人常常在夢中被鬼怪追趕，每次到臨危時都腳部癱瘓，再走不了半步。這是否表示這人平日也是懦夫？那我一定是個臨危不亂的人，因為每次在夢中被異物追趕，我都可以雙手當翅膀用，拍兩拍，便及時起飛，手拍得越快，耳邊的風聲也吹得越緊呢。

昨晚我又做了個噩夢。因遇鬼物，便搖電話求救，話筒那邊原是相熟的聲音，誰知說著，卻漸漸變沉，就像錄音機電量不足，轉速減慢，簡直不是人類聲音。我果然十分鎮定，一面顧著驚慌，一面卻還有足夠的冷靜去讚自己，真是好橋，設計出這樣駭人的鬼橋段。詳夢的一定說，這人是從事創作的。而我自量，這人天性犯賤，在夢中也挖心思自相恐嚇。

※

那晚我們談起人死如燈滅，說著，近海傍的樓房都漸漸滅了燈火，甚麼也沒有了。大家都同化成黑海的一部分，認不出個別身份，於是更加恐懼。各人努力扯些靈魂存續與再生的例證，誰死後看見自己躺在牀上，經過一個光環，後又回來重生之類。種種靈界滋擾，陰魂作祟也好，證明死後還可以續約，彷彿為現世所作所為建立意義，便心安了。說鬼故事就有這個好處。

不知是誰談到輪迴。想起孟婆茶的傳說，便又回復驚恐。要是前世的記憶盡洗，再投胎，那個我已經認不得我。不錯，又一條好漢，那好漢卻冷然審視著已經亡故的我，如果我是李杜，是蔣毛。我關注的只是現世的我，我在今生今世才產生意義和感覺。

僅僅是假設。座中兩個都是基督徒，不信有輪迴，只信千禧年，審判到永生。這好像較有人情味，大家不單把今生理性上的功過帶到來生，同時也得以把感性上的記憶作為依附。信教便有這個好處。而我以前也是基督徒，後來卻叛教了，所以，安全感只歸於他們，我甚麼也沒有，包括意義。※

第二章

世紀末荒涼

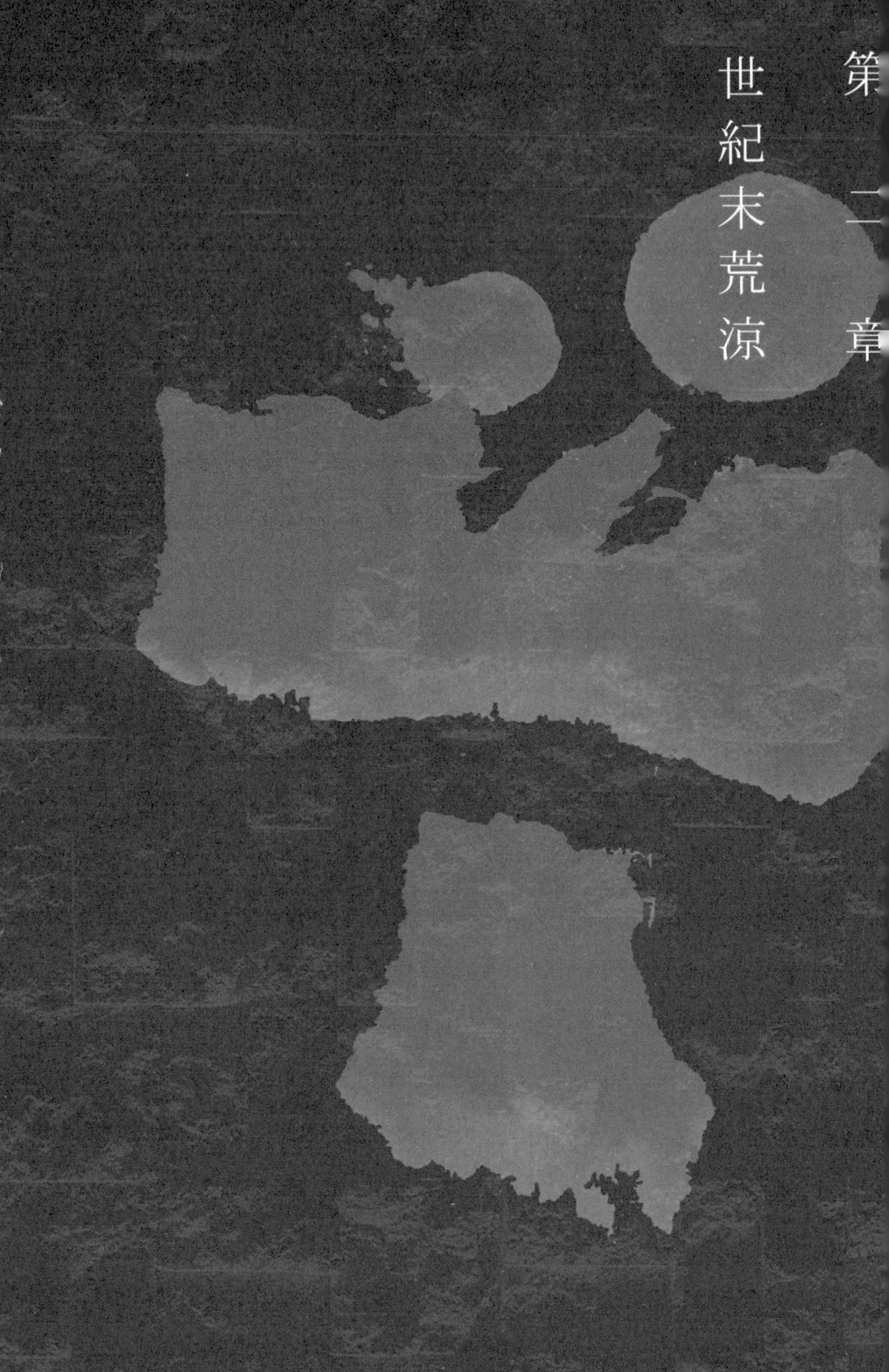

好像每個年代都有一批有識之士自覺是末代了，快醒來了，大聲呼喊，眾人皆醉我獨醒模樣……不時有末世情，世紀末，末代……種種沒落顏色襲人，然而大家其實是十分享受這種沉淪氣氛的。

騙稿—

稿費很難足夠養命，但由於是一張張領開又領慢慢不由得不領的零用飯票，要吃零食吃得便宜是人之常情，目下處處都有騙稿費的作者，越是專業，越多技法，親愛讀者，不能不防。

在此謹略舉最慘無人道的驗稿秘方，以饗讀者，以示警戒，以茲防範，以儆效尤。

（一）開宗明義說明自己無靈感（彷彿寫稿是在燒香拜神），不知寫甚麼，然後說說自己撕掉了多少張稿紙，但仍想不到寫甚麼，然後滿懷抱歉對不住老編對不住讀者，更對不住自己。然後引申到腦袋有時真的會便秘之類老生常談問題，像藝員執筆自述，開頭幾句總是說不慣執筆，枝筆有千斤重之類。然後篇幅便差不多完了。

（二）頻頻開新段，要分得急密，這樣才能以寡壓眾，二百五字漲滿五百格紙。最好知道刊物每行字數，在最浪費空位的關頭開新段才奏效，否則所慳有限。能多分段，空位比實字面積多，視覺澄明，讀者舒服，作者舒適，兩者方便。

（三）引——引詩引詞引文。從不大知名出處抄錄別人大段的文字，到抄得七七八八，大勢已去，才加一兩句自己的按語感想，草草又是一篇一天了。

（四）怕抄襲痕跡太明顯，便可以複述故事。看過的電視節目、電影或人盡皆知的新聞，鉅細無遺照搬一回，只有篇幅有限之嘆而無材料短缺之虞，不費分文腦力。

（五）小事化大，逢單變雙，擅鋪排四字詞。分明只是徬徨便說徬徨無限，再順道說手足無措，另附加無所適從；分明無甚可說，卻花大量篇幅說篇幅有限。

各大小作者宜謹記以上各伎倆以作傍身，蓋發佈假消息法案不常有，開天窗以示抗議亦不可常用。能酌量察情採用以上五條基本法，寫作前途方得遠大，理宜看好。各大小讀者亦應留意，有不法之徒非法採用上五種行騙手段，少則忍之，多則宜合力杯葛之。※

電車一

我在電車站候車。本來，慣於爭取分秒，斷沒有理由的。理由是，想想，找找……怕地鐵的曲折，七上八落，怕找不著小巴的非禁區，怕大巴人擠……

總之，我就站在電車站候車。

但電車沒有來，身旁卻早飛過了幾部往東區的大巴，幾十部去向單純的小巴。

我還在等。電車來了，卻擠滿了人。我沒有上車，怕擠。小巴大巴繼續在身邊飛過。電車也來了，而且兩部同步而來。第一部車身墨綠，人擠。第二部車身披著航空公司的現代廣告，彩色，車廂空敞。我竟然還站在車站，猶豫，要上哪一部？最後，踏上那彩色飛機的油畫。安坐著，眼望前面古老草綠色的那部。車廂周圍是簇新的椅子，但油漆白得刺眼。原來，只為眷念著本來的青綠，不是怕大巴小巴地鐵，只是追求那在電車身上逐漸罕見的青綠。

至於為甚麼等，為甚麼追，為甚麼放棄，都忘了，沒理由，不需理由。

紅燈，前面電車的青綠卻溜走了。我守在這航空廣告車上，看著它越走越遠。※

神枱燈——

我們每天看過多少盞燈，多少種光呢？車在夜街上溜，霓虹糊成一條條顏色。或者，我們還記得紅藍色的ＸＸ酒樓，黃色的溫暖招待，然而，誰會特意把頭伸出窗外追望。都是互不相干的點綴，避免出現黑白單調的感覺而已。

為甚麼演唱會都喜歡把舞台射得七彩斑爛，如此不真實。我只嚮往一條軟弱的淡黃光線圈住歌者，一片簡潔平和，又帶點無助。因為一切燦爛燈飾最後都少不免要熄滅，既如此，何不只點一盞微弱而安全的燈。

所以最敏感的還是紅色的神枱燈。

其實它們在日間都一一生存著，不強不弱地點著，只是白晝的眼看不見而已，多麼像幽靈。

到夜真的很深很沉的時候，它們便把黑色套紅，只有它們仍繼續，而且特別在這關頭才作祟起來。

從前睡在家中大廳的地板上，每夜，守在神枱櫃上下兩盞紅色的神枱燈，二十火，似有還無，紅黑色的視線變得虛假。這時我每每便想到死亡，因為血紅色。

這個人，一見便有前所未有的投緣感。以前許許多多朋友，在身邊心上一代代一批批冷冷熱熱此起彼伏。要好的時候總想著這是同路人，然後再覺醒：哦，不外如是。

但這個人，兩三段回合的對答，即令我感到已經站得很高看得很遠看見自己的將來。共同的觸動幾乎有盡頭的感覺。

是這樣的，我們一談到神枱燈，大家都反應敏銳，略略眨眼，而無須多言，明白到雙方想起神枱燈，便正有共同的意象在心頭浮現。

我們都有這種自信。因這燈，本來是雞毛蒜皮的事，能夠在頻繁具體切實的生活中抽空注意這盞燈，還有幾個人？還不是難得的相知契合？還不是極度相類的品種？

現在我們僥幸還懂得這樣想。

入夜後和誰經過赤柱一列小築。某一間像是政府建築物的窗，透出神枱色的燈光，把高高橫臥的一列玻璃都染紅了。但誰怕？只輕輕前望，便見熱鬧璀璨燈火鋪在前面。我問同行的人，啊，那屋子為甚麼會點這樣一盞神枱燈呢——的時候，身軀已包裹在燦爛的一片霓虹之中，即使特意追望，那抹紅色已混淆在斑駁燈影裡，它的作用，僅止於點綴，避免黑白單調而已。※

過聖誕——

不是有很多傷嘆今不如昔的聖誕歌嗎？去年聖誕因甚麼人發生甚麼事，今年聖誕又只剩下甚麼之類感人故事。

其實這是可遇不可求，難得的刺激遭遇。

只怕一般人一般聖誕過得太燦爛但又太平凡了。而我今年的聖誕是這樣度過的：

廿三日朋友生日，一般情況事主不大好出面，便為他約吃飯的搭子，但這些都是我的朋友，雖然他也認識——可惜認識又不等於朋友，於是左右支絀避免尷尬，恐怕他思疑，這些人是為我而來為我而樂麼？他一定不會想，即使是朋友，能夠真心為別人快樂也是很罕有的。

然後我們遊車河。通宵至廿四日清晨。整個香港島的路差不多都走盡，東區走廊來回去了四五次，連對面尖東的燈色也丟涼了。

廿四日晚一大堆朋友及朋友的朋友塞在家中，做甚麼呢？搓起麻雀來，但邊戰邊擔心會悶煞其餘的人。周旋在眾多對情侶之間，常顧慮冷落了朋友的女朋友。到夜深三時他們紛紛離去時，我便想，好了，清場了。

廿五日醒來，想起昨夜不少給冷落了的面孔，有些玩意他們不高興，有些玩意大家卻又感到不夠刺激。不久便有電話，投訴昨晚的節目，啊，回去後他的女友不大高興，給悶怕了，早知不應這樣不應那樣等等。

這時我自覺是個很好的演員，但卻是個失敗的導演，不能把玩控制眾人合演一場好戲。

不久，P君來電，居然提早訴說熱鬧過後的鬱結。真是，這樣早，還未到廿六日拆禮物的日子，便預早感觸了。

我想，因為他在這幾天看不見K君，他當下最著緊的人，又要在這幾天應付必須應付的ABC君吧。就是這樣，有些人非常重要，在這類象徵性日子裡好歹得一見才甘心。

他的鬱結令我也忽然冷起來。何必一定要在那時見甚麼人做甚麼事？見得太多樂得太厲害，便失去免疫能力，以後較為淡漠的日子如何得過？

聖誕，是個讓我們貪得無厭然後又飢渴的節日。趁夜不太冷，煲一杯熱可樂，加兩片檸檬，一塊薑。如此胡混後又靜下來。

杯甚燙手，但我知道熱力只足夠暖透這隻瓷杯，只一會兒，不可能滿足無窮盡的欲望。明年聖誕，不外也是一嘴臉這些歡樂和感情的慾望，如何止得住。※

對話一

「講一些鬼故事給我聽，好嗎？」

「我沒有，你有嗎？」

「我有，但我不會對你講。你不想聽，想聽的是我。」

「那你為甚麼喜歡聽鬼故呢？我講完，離開這裡，你會害怕，今晚你怎麼度過？」

「我不會害怕的，你放心。」

「既然不怕又為甚麼要聽？你不是想求刺激嗎？」

「那拉拉二胡好嗎？」

「不，我太累了，現在前後左右都有人在溫習，打擾人不太好。」

「不如談談近況吧。畢業後有甚麼打算？」

「先在政府醫院做，然後便開診所，然後請一批漂亮護士，基絲汀開牙醫診所，真好。」

「是的，真好。保證不會有差錯。一切都好像很長，但又很短，因為全在掌握之內，一眼便看見了許多年之後的事。」

「啟傑近來如何呢？」

「據說生活很頹廢。又抽煙又飲酒又賭馬。」

「據說他從前是個虔誠的教徒。不過，讀心理學的人總是很極端的。」

「也可能他的職業太高薪太穩健了。」人大抵都十分賤格，追求安定，但又不甘安定。

最後，我也不要二胡和鬼故事了，這畢竟是額外的點綴。※

走六小時寂寞的長途，到你的山頭放一束紅山茶，我等待著，長夜漫漫，你卻臥聽著海濤閒話。

戴望舒這樣寫，彷彿蕭紅躺在墳頭，比人間的勞碌奔走還要幸福美麗。

有一個讀文學而且是詩——的女孩，有一次說，她要在三十歲死去，她要在無人的午後，一步一步，走向海灘，讓浪花湧過來把她吸去。最後，身軀浮蕩回彼岸——浪花把她軀體撞碎後，真的會濺成一朵朵小白花伴送她嗎？

我們現在還呼吸著，當然可以想像得美麗。

鄰房送了我一份禮物，原來是一杯飛蟻。那堆蟻在水中浸得太久了，連翅膀也鬆脫了，已經浸了幾日，但牠們還不能夠死去，赤裸的軀體在水面無效地掙扎。有個老婦跳樓，背脊橫撞在鐵欄上，結果脊骨倒折，摺垂在欄上，途人以為是個時裝店的模型公仔。朋友的朋友的朋友接受抗癌電療，頭髮一束一束脫去，面皮被大氣壓迫似的縮陷。那晚我們在一間形貌醜惡的上海館談論著這些事。而我對於死亡的感覺正像那幅醜陋的防火膠板一樣：蒼白但不美麗。※

天下最導人向善的誤會，除了惡有惡報，便是「弄機心白雙鬢」了。

彷彿做好人便可以高枕無憂，好下去，而諸般籌謀，夙夜煩憂，只是奸人的專利。如此當然皆大歡喜，只是好人往往都是自覺地好，而自覺的過程反復數算著怎樣做好，煩惱程度和奸惡無異。

別以為好一定是簡易單純的事。一個好字當中還包含了無限的可能。舉個簡易顯淺的例，做善事捐善款，有機會上電視那些不計，捐一筆龐大數目翌日可以見報甚或一生一世留名於建築的也不計，這些全都犯了為求名而做好事的嫌疑。但捐款還是可以抱有多種心態的。傳統的誘餌是多積陰德澤及子孫，有些人甚至認為多捐一塊錢便多贖一天命，如此，不過是為自己而好。即使是為心安理得吧，那心安的始終也是自己，所謂助人為快樂之本，會不會也是一個騙局呢？說來動聽，究其實，也許仍難逃自私地行善的無奈。除非有一種測謊機，可以檢驗出，善長真的單純地希望受惠者得到幫助便滿足，而內心又不大以助人為己樂……想著，寫著，更覺好人難做。※

美麗的童話，追求愛情的故事，總以婚姻作為一個終點。白馬王子和白雪公主合力除妖之後，舉行婚禮，從此快樂幸福地生活下去，直到永遠，好像披上婚紗之後就可以凝結一切。

粵語長片也是一個童話，慣常以男女主角完婚一幕作為劇終大場面。通常，男女間的情愫都很簡單容易便大規模生產，追求不是問題，溝通不是問題，持久不是問題。白馬先生白雪小姐最終任務只是消滅外敵，內心的牛鬼蛇神卻永不作惡；白燕張活游的苦處，只在於掙扎：反抗家庭迫害，改善經濟狀況，抵擋病魔，二人都是稀有的珍貴品種，毫不受這些外在環境影響。最多在激動處嘆句「貧賤夫妻百事哀」，然後便擁抱痛哭，永不留裂痕。

相處不曾是問題，每一個決定都沒有艱難。地老天荒，歷久常新，開心見誠，白頭到老，矢志不渝，心有靈犀……大批歷史悠久的成語，在童話世界裡格外悠久，在成人相交往還的點線面體之中，格外古老。※

盡訴心中情——

一般來說，夠膽在空氣中散播自己的心事，必須在手起刀落感慨興起眼淚即落的高速下，方得以成事。但盡訴心中情的電話既擠擁若此，別說不斷撥那幾個號碼要消耗大量精力，單是扭開收音機聽別人的事，待得人家收線了又心猿意馬盼候自己的機會。應有足夠的冷靜期，冷卻心中情。

何況十居其九的傷心人都心有旁騖，一邊聽著自己的聲音從收音機播放，直至主持人制止方肯罷休，他們大多意識到，出街了。心理負擔非輕，所以打電話講心事的聽眾往往比較緊張，思想腦汁花於問題上。

經過這重重波折而能順利傾吐的人，當然也大不乏人，但情緒性格能平衡到這地步，傷心事其實也不用怎樣開解了。

畢竟搭通了線的時候，仍然忍不住，喉頭湧動，淚水滾得一街都是的聽眾，只是稀有例子。※

情況——

收音機報新聞，一宗交通意外，三個傷者，播音員用一貫的冷靜語氣處理。但這次卻格外覺得冷峻：「三名傷者被送進醫院，情況分別是欠佳、嚴重和危殆。」

我想如果不加上「分別」這樣不近人情的字眼，不用「欠佳」、「嚴重」這樣模糊的概念，聲音會變得更有感情的。

假如我是傷者家人，也希望有更具體的描述吧。

例如：「生存希望八十點四六七九巴仙」，「四十二分之三十五點七的皮膚受七級半熱度灼傷」。總之，都是電腦算出來的資料匯報。

而我，作為一個愛看熱鬧和追求畫面的好事八卦者，卻幻想有這樣的新聞報導：「群醫會診後，束手無策」、「傷者愁容滿面，眉頭緊皺如撲翅疾飛的天鷹」、「傷者手腳抽搐像殺蟲水廣告之典型畫面」、「情況危殆如累卵，傷者且數度輕踐生死界線」、「情況嚴重如大亞灣地震」……想報導員必能易於投入，感情濃郁，聲色俱厲吧？但，誰叫撰稿聽新聞的都是不相干的第三者？※

丫環——

不知在古時那些豪門巨戶的老爺少爺太太小姐，是怎麼法子下𠱁的，身旁永遠有丫環侍奉。斟茶遞水，享用美食時，一舉一動盡數給人名正言順地窺視。做皇帝的更苦，每味菜都要御廚先在他面前用銀筷試毒，心理上不免蒙有一重陰影。更何況，食政治飯的機會比我們高出多倍，要一個人躲起來，把吃相收藏，簡直是遙遠的夢想。

超級市場最了解這種心理。連對無甚選擇餘地的日用品，都給人從容自在地挑選，有十足的自主權。

但為甚麼時裝店大部分售貨員都喜歡干預他人內政呢？個個練就一身輕功如御風踏荷，無論你停留在哪一角落，都尾隨不捨。

各店員又會傳心術，互有默契，採取人釘人策略。你踏入舖內，便會有其中一位獨有鍾情，矢志不渝。每次入內，千迴萬轉，都擺脫不了這種糾纏，常暗忖背後有人在窺視，精神緊張。

故，請各售貨員勿侵犯人身自由，請揚棄封建階級觀念——丫環時代已經過去。※

為甚麼要擺酒呢？我的意思不是單指婚宴。一生人如無意外應該只得一次，總比甚麼壽酒、春茗、貴家公子順利畢業來得出師有名。但遇著一些交淺言淺，沒有手帕，也沒有肝膽心腹的朋友請生日酒，便真須要借酒解悶了。那是一場註定虧本的投資。時間和金錢，笑容和應對，全用以支撐別人的場面。雖然，召集一大班張三李四、何月娣、倪淑輝之流在一個地點一個時間賭錢或閒談或問候或看電視或看書，是頗費心力的壯舉。故衡量面子和家財的大小，擺酒的圍數具一定準確性。

至於來賓可能各自以小圈子為中心，或以麻雀十三張為重點，忘記了主家是核心人物則無暇計較了。部署行動，設計菜單，計算圍數，忙於張羅一切瑣碎細節，已經忘了大體了。所以我常懷疑無事擺酒的人，都患了空虛症，要找些 project 來抒展辦事才華。但，為甚麼要找那麼多無辜的淺交做籌委呢？※

每逢佳節——

節日是一個牌照。尤其聖誕新年之類普天同慶的大節。人人都領了牌，可以而且必須有一定程度的歡樂。不然，一分鐘的寂寞，可以放大成數天的不快。偶然形單影隻，誇張成百年孤寂。而「每逢佳節倍思親」這些成語的真理，正基於比較（和旁人比較熱鬧程度和友伴數目）以及依循（領了牌歡樂，或者悲傷）的習慣。

節日也是一個懷舊的機會。今夕何夕，今夕如何，往年今夕又如何，而回顧永遠是今不如昔。

看見街邊玩燈籠的小孩，不少人都可以從那些興奮的掩映的面孔，想起童年，而懷舊而傷感。

小時候在公園的山丘上點燈籠，滿山是人，但看不清對方的面孔，漆黑中漫山的微光鋪出丘陵起伏的輪廓，卻叫我感到人的存在。那點光，還燃點到今天的心頭。

幸而我清楚，悠悠歲月，瑣碎納悶的細節早塵封在時間之後，過濾了美感卻仍在如今實質的分秒裡作祟。

一切遠離了的都誘人，即使不快舊事，也無關痛癢地淒美，但美不可方。※

時維農曆七月十二。

滿街滿巷已開始燒衣行動，一卷卷彩色薄紙，那些紅黃藍綠，遠看，在火光中全都異常艷，但未燒前，在蒼白光管下，就像小時候家中的樣子，看來就單薄脆弱得多了。

所以摺這些鬼衣是一種學問，捲好之後，那一頭一尾按下去不要太用力，力一使猛，衣領便反曲了，力太輕，整件衫又會逐漸趁機鬆散開來——然而，哪一方才是領呢？當我小時這樣問，母親總猛力斥責，好像觸犯了甚麼大忌大諱。我把那些螢光色的紙老老實實當成是鬼衣的態度，令她非常害怕。

不過我想，如果不當真，為甚麼還要燒？

很多很多年的七月十四，我都隨母親看著花了許久時間才摺好的衣服迅速在火光中軟化。這時候的街很像一條河，馬路邊緣的火堆堆成河岸，黑衣屑緩緩的飄，總有希望飄到彼岸吧。

燒焦了的紙會在火頭上猛然旋轉，據說是群鬼爭衣的現象。或者，此時此地，我應該說，這些鬼衣，都是非常粗糙的書紙，用低成本顏料染成，所以，一濕水便會褪色，滿手都是顏色，更加不真實。※

夜過銅鑼灣——

某夜，由銅鑼灣一食店步出大街，竟瞥見滿街都是人。快十二點鐘了，怎麼會有這麼多心有不甘又不息的夜客，在已經關閉的店舖外，死纏不休？

人擠，卻又無聲。大部分霓虹燈都逐漸在暗中掩滅，餘下一些士多、藥房之類小店，在崇光三越的照明下，映著微不足道的白光；人影斑駁，白色的光隱然像點點晃動的星，遂有一種天旋地轉，混沌初開的驚懼。

而對街的人影都浸染在一片薄荷的白色之中，由於無聲，都好像經過漂染，不沾人間煙火。

驚懼，因為好像處身於一個時空逆轉的玩意之中。地點是熱鬧的繁華地，人潮，本也是鬧哄哄的，但這樣的時間……

咦，居然還有賣白糖糕的，切好一方方棺材形的白色。終於茅塞頓開，不屬於這年代的人，賣不屬於這年代的舊物，原來不是，也不須供人懷舊。

晃動的星其實是飄搖的燈籠，而人，分明是傳說中趕喝孟婆茶的新鬼，一杯過後，忘掉了時空。※

華麗店—

偶過中環區高級時裝店，櫥窗外罕有不自量力斗膽張望的眼，店內罕有隨便看看的遊客閒蕩。只要一步，踏進去，四目交投，店員立時如遭雷殛，買賣雙方心知肚明，一登龍門，即使不是暗示買得起的氣概，也是準顧客無疑了。這些高級時裝店的營業時間又異常高級，隨著中環的辦公時間開合，像一朵高傲的曇花，到六時許便要閉門了，明天請早。不似一般下三濫小店，犯賤，到晚上十時還不肯罷休。

這些時裝店的門，晶瑩的玻璃，豐厚的地氈，一塵不染，一絲不苟。但怎樣維持呢？中環人追趕午飯及下班後短暫的時機吧，全香港最闊的太太窺伺著別人上班時逍遙進去溜逛吧。

另一個世界的人自不能明白與他們無關的事物是怎樣運作的。盈虧賺蝕，於己無干。不安的只是那一片空蕩的華麗，仰視著中環中午的太陽，更覺蒼白。尤其當我夾在人群裡，偶然一抬頭，玻璃幕牆投射著冷光的鋒芒，彷彿，一幢高廈的巨影快要壓下來。※

有這麼一天

天未光，門鈴便響過又響，又一天了，我忍無可忍，打開門，那女子捧著一盤早餐，苦苦哀求：「就十元吧？」

我勉為其難：「一口價，二十元。」

女子猶豫一會說：「好，不過得多要一份早報。」說罷，便放下兩張十元紙幣在餐盤上，還涎著臉塞一份新世紀日報進來。

我袋好那廿塊錢，見只是魚翅，沒有麥皮，只得象拔蚌，沒有火腿，吃下去才換來這等酬勞，實在是廉價勞工，還要看報，是不是要考慮一下罷工？

報上頭版是一段尋蒼蠅廣告：「本人遺失愛蠅一隻，頭有灰斑，胸有藍點，腹有綠圈，自上週於堅道家鬆綁散步後，一飛不返。如有捕獲者務必盡速送返堅道一四七號地下。或電五二五八三六九。無酬。」

見只是司空見慣等閒事，無甚意趣。娛樂版，有一段關於版權官司的，標題為「死人版權審死官，聊齋作者後人索價千萬」。原來那聶小倩原作者蒲松齡後人見電視借其先祖心血作藍本，又妖又仙，皆遇有情有義男子而不忍害之，電視又不惜執二攤，翻抄猶甘，於是追究版權。此案令當局重新考慮有關死人版權效力及名著改編或偷橋限制問題云。

又是老調，再沒有新意，著實要提高讀報費了。

這時，一段趣聞映入眼簾，只短短幾十字，卻十分醒目：「主人請客，其中一個客人的家長，認為主人的邀請名單未經其過目批准，覺得遺憾，便派僕人中途攔截。家長建議主人道歉。」

想不到反而是一則花邊有趣，我笑著，吃著，才覺廿元入袋，又有娛樂，工，可以押後才罷。※

可以吃掉的書報——

西班牙曾經出版一份可以吃進肚去的報紙，用麵粉造紙，上印無毒油墨，讀者看完一天的大事和閒事，便用牙齒再咀嚼一次，精神有了食糧，肉體也感到飽足。

如果我們將來也有麵粉報紙，米粉雜誌，威化袋裝書，早晨開場白或者會是：你吃過看過早報了嗎？你答：都辦妥了。大有一種乾淨利落的意氣。天下事不放在心上，看過，便掉到胃裡，消化排泄。吃的意象永遠令人覺得飽滿高興，你有見過方太李太們愁著眉拿鑊鏟嗎？有見過不是五顏六色一片喜氣的食譜嗎？有見過人大排筵席來哀悼嗎？任何人見他吃著，抹著嘴角的油光，便知他情況不太壞。

現時書報印刷品最大的壞處便是吃不掉，一般人又捨不得燒之，掉之，見好端端擱在一處，留著也不壞。這樣，很多書一下子看不完，便姑且任它苟延著，又不會過氣變壞。有時讀過一段好文章，說中自己心事，便又大驚小怪，覺得天地變色，還時常拿來再三重看。那些字又總印在那裡，更顯得是永恆真理。

如果可以吃掉一切印刷物，讀者肯定更容易做一個快活人。看東西，當機立斷，應看則看，然後便要吃掉或者丟掉，再無半分牽繫。偶然讀到傷心欲絕處，一滴落在麵粉上，化開來，書便柔軟了，不如一口吞之。一個人怎能邊吃邊哭？咀嚼著，要傷心也不方便過於盡情了。久而久之，一定會看得心境開朗，知識廣博，營養豐富。※

地鐵母子——

大家感覺過害怕嗎？地鐵轉車的人群，水一般由此月台瀉到彼月台，如果你迎面站在水流中間，人們的身體迅速滑過，他們的頭向著你，目光卻著迷一樣望向你背後尚開的列車門。在太平盛世，你會說，這便是走難了。每個人都不能自已。

一個母親抱著她的嬰孩在懷抱，母子二人正奮勇在地鐵月台上轉車，在地圖上由一條支線跳到另一條支線之際，忽然失足向前仆倒，母親並不氣餒，第一時間掙扎起來，沒事人般又向前跑，遲了恐怕車門關上，遲了恐怕來不及沖最好的奶粉給嬰孩充飢。

待得在車廂內站穩腳定過神才好好檢查嬰孩的額頭是否撞出一塊瘀吧，如果人太多擠不出空間，待得下車到達家門才慢慢檢查吧。若然嬰孩真的因那麼一摔而跌爆了一顆眼珠，當他長大後，用手指撫著那無效的黑洞，問：母親，怎麼我缺了一隻眼呢？

他的母親必然會答：兒啊，那次在地鐵月台上趕車，怕遲了你會肚子空，會哭，急步中不意摔了一跤，又來不及細看，所以便掉去一顆眼珠，不過你當時倒沒有哭，以後也不再自那眼中流淚了，兒啊，做母親的總是為你好。※

首先我對對錶，預準時間，太早可能周旋的後勁不繼，太遲又後上不及。然後深呼吸，一眼關七，因為這是一場不重要的飲宴啊。

未整裝出擊前我重溫一遍對應的策略：

一，練習喉嚨閉氣術——舉杯，飲而不嚥。液體翻騰在口腔內，再原裝或加口液半両倒回杯內。總之制止隨便浪費杯中物。如此，方可一杯永恆的波浪在手，四處興波作浪招搖，避免了無倚恃空白尷尬，延長憑藉。況且又可趁勢漱口，齒頰留香，閃爍光芒。

二，應避免進食以下飲宴毒物（如自動送上門者應拚死抵禦外侮）：

（A）質感粗爽之物（菜類，尤其是埋伏於沙律內未熟之生菜或豆類如荷蘭豆，總之是大粒之豆。）

（B）糊狀濃湯（以上二物皆易發聲，口腔是共鳴箱，大家是豬，感覺如置身農場。）

（C）指爪掌翼（須高度處理技巧，易於留痕，特別是彎曲狀掌爪，恐有刮你一巴，刮得滿面肥膩之虞。）

三，檢查軍備——包括書、報紙、雜誌之類。內容不限，厚度不拘，不懂得亦無妨。舉凡可供掩飾充撐戇居無人存問的時刻即可，亦便於擺出蒼涼美麗的姿勢。

四，惡補淩空穿插術——蓋人總有衝破命定規限的慾望。鴿水翅汁之類，每人平均恰可一碗配給面前，總要把它吃力地遞給旁人，旁人又把他一碗轉嫁於你的旁人，如此一來淩空交錯，再以有補無，發揮自由競爭資本機制後，方能下嚥，故應緊防不小心碰撞破壞或中斷人為分配模式。

五，以下一堆說話宜以急口令形式唸誦——「其實乳豬真係冇乜嘢食嘅呵」、「啲翅就真係幼啲，但係湯都好正」、「呢啲係罐頭鮑嚟」、「條魚蒸得熟咗啲，有成斤幾重係難控制㗎啦」、「隻雞生過好多蛋嘅」——不然，四周盡是相逢全不曾相識的人，可以說甚麼呢？如果對方貌寢（即係樣衰），更加不宜交談。一於講食經。口多口衰者更應強夾一箸難吃耐吃的殘餘食物給他以資阻嚇。

我謹守這五大綱領進場，果然非常愉快。吃了很多，也吐了很多說話。拱手、乾杯、微笑、咀嚼。轉瞬吞掉一個得體的晚上。※

花言巧語

我種花，花果然便開了。

但我嫌花太小，太少。

於是胡君說：「初開就是這樣，慢慢便大了。」

方君說：「有得開你就偷笑啦。」

黃韻詩說：「之唔係，物似主人形吖嘛，咪話我話啊。」

何守信說：「無需要太多，只需要三朵。」

李柱銘說：「民主空氣太少！」

林黛玉說：「不若採下來，待儂葬之，萬事皆休。」

名公子說：「仲好，費事花多眼亂。」

梁淑怡說：「可以換過個盆㗎？」

莊子說：「小非小，大非大。」

佛云：「種小恩得小花。」

嚴新說：「且看我隔岸發功，立時快高長大，不過左近唔好有電器電線喎，唔係唔靈㗎。」

天下父母說：「唔係你估，少啲米飯都唔得啊！」

李英豪說：「施肥過分側重氮肥，磷肥偏低，催葉不發花之故。」

花檔說：「五蚊雞同你收咗佢嘞。」

我說：「不過一盆花，一篇稿，拖那麼多人下水，實是始料不及。」※

清明鬼古批注一

以下為二則電台聽來的清明鬼故事：

其一

清明時節，燒臘店業務格外繁重。店前擁擠主顧，每有形態可疑者，或伸指舔吮燒肉，色然而喜，或抓送嘴內，或伸長及尺外之舌頭沾掃之。此非鬼物為何？

雄注：長舌者，古書中怪聞異錄亦有記述，古今同貌，莫非鬼舌，其來有自者乎？

夕批：倘鬼為人故後之形體，舌何以獨於死後特長？或曰縊死者舌露唇外，然尺來之舌，非人為虛飾以達驚嚇效果為何？

其二

某於墳頭乍見數人於半空爭食奠品，手腳沾泥，面帶淒艷創痕。

雄注：手腳沾泥寫其新出土狀，淒艷創痕即其亡故剎那貌。

夕批：人歿為鬼或以精靈存，或以腐朽之肉體存。苟以精靈存，則形態當為亡故時之定位，創痕者是也。苟手足沾泥，則形貌隨時空而衍變之理甚明。今二元並立，相互矛盾，似屬贋品居多。

總評：但如果我們動輒出動理智分解，為甚麼還會相信鬼神？※

第三章

總的是牽纏

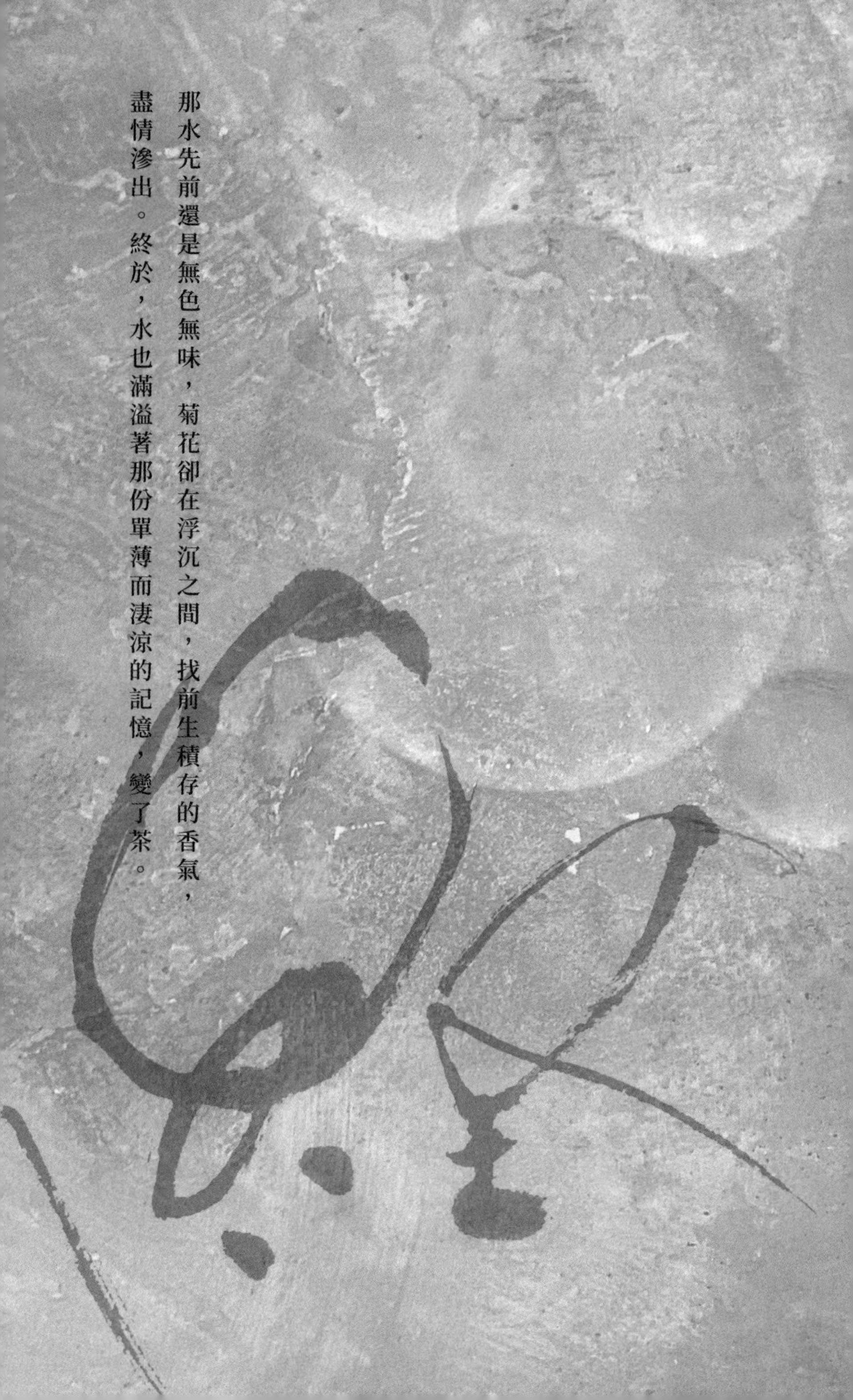
那水先前還是無色無味，菊花卻在浮沉之間，找前生積存的香氣，
盡情滲出。終於，水也滿溢著那份單薄而淒涼的記憶，變了茶。

舊居

小時候住的唐樓，有一個大得不可思議的天井，我們把那八百多呎的階磚地，蠶食為自己的屬地，廚房和飯廳就在那裡了。灶底還有大大小小一族貓，本是在外強擄回來的，但住久了，便不再生異心，即使從天井的鐵柱間溢出去外面的冷巷閒蕩，也會依時準確地回來。

一張紅木的大枱上，攤放了書本和茶，舉頭，沒有星，四周都只是軟弱的霓光，看不見星，也許只是看不見，也許真的沒有。

懸掛風球的前夕，總有飛蟻群盤繞著白光管，眨動木枱上的斑紋。我們用塑膠圓盤盛些開水，飛蟻便俯衝而下，墮進這簡單的羅網，就是如此簡單。那時節，姊姊介紹我她課本上一句好句，何其芳的〈老人〉：「人生太苦了，讓我們在茶裡加點糖吧。」真是，就讓我喝一口茶吧。但上面浮了一瓣飛蟻翼，書頁上也有一雙。

後來呢？後來當然搬走了，遷家時那為我們生了幾代的老貓卻堅執不肯離開，用布袋帶牠到公園，還是迅即摸路回來。後來呢？當然更老了，忘記那天井了，或者，死了。我呢？我現在沏了一杯純玫瑰花瓣，沒有加糖，也沒有飛蟻翅膀。※

「有雨，關窗」——

因為一醒來便下著雨，忘記了這是夏天，也忘記了陽光。喝一匙仙人掌汁液，據說可以養顏。見大家都換上了一襲單薄的汗衫，又微有瑟縮的姿態，於是便感到愜意。料峭的空氣使我呼吸著健康。

是難得的早晨，應該沒有不快樂，或者快樂。反正昨夜對F說近來不甚快樂，甚至很難過，他卻說我的語氣不像，不快樂得不夠誠懇。是的，我再吸一口健康的空氣，要誠懇地哀傷。是的，本來沒有所謂快或不快，不過是我們把各種情緒不斷反復演出，有時演得流暢，有時卻演得笨拙，那也只因為我們不習慣。雨再大，便關窗，單純若此。我本來好像有很多的話要說，但我又不講太多了，有時懷疑根本沒有，有時，懷疑所有說話，和哀傷不快樂，都只是一種習慣。為此，我和S不快，互不理睬多天，我便和其他人大量談笑，以作彌補（但沉悶依然），交往是可以培養的習慣。我們被納入一套情緒的秩序之中，眼淚不過是遽失依循時的倚靠吧。我們很快便習慣。夏天有雨，夏天溫暖。有雨便關窗。※

覆水——

那次這樣，那次那樣。因為是那次，已經是驚起卻回頭之後的省悟。那次，那次，都是覆水。

那次多手剝了唱片的透明膠紙，後來想再次放回，卻再也容不下了，皮膚原來長期在繃緊狀態之中，才可以支撐得住，一旦鬆脫，便難以還原。

那次和曹飲茶之後，曹托我帶了些點心給他的女友。但回去後我好心留了一點給S，惟S不領情，只好暫放我房中。豈料入夜後曹折返回來，看一看枱上點心，神情有異。我知他一定誤以為我私心作祟克扣點心自用。我也知再把事情始末解釋清楚反顯得小家。他畢竟沒有說過疑心我私心啊。我知這是覆水。但這些水，我們不介意，不感到濕身的狼狽不急於俯身抹乾地面的水，覆又何妨。那次我一時興起說了很多私隱，給好友聽（好朋友也只願聽動聽合聽的，我也常常警戒自己興奮時要提高警戒），忽然一盆冷水撥下來。那是覆水，那次我忙不迭抹乾一切。那次我很需要乾淨利落，那次體會到水的流瀉是一種麻煩。※

那是非常熱鬧的舊生會聚餐。太熱鬧，便沖淡了老友聚頭應有的溫柔，而且怎樣培養溫柔呢？背後是人，左右是人，音浪澎湃但素未謀面而且三四十歲。即使是二十多歲憑環境幽靜促膝談心也未必培養得出。何況，只因大家曾經在同一間中學，各不相干地唸過幾年書，便叫做校友。

筵開廿多席的大廳一圈圈的人圍坐，一輪輪的刀叉開展如一朵朵紅花。但有些花快謝了（有一個傳說是四幾年畢業的），有些開始老了（抽煙了交換卡片了穿黑色的西裝結老色的領帶），而我們八一年畢業的一個也老了（有一個面孔忽然腫脹。我們故意或無意一別五年。五年也可以是忽然，如果疏離淡漠）。台上大家都不認識的舊生會主席在各自的交談間發言，企圖把重心自圓桌內扯上台。但畢竟他是個陌生的男子啊。

台下，人頭湧湧人才濟濟，極力勾畫這許多面貌，是出自一個地方曾經是年輕的中學生——忽然發現隔座某人，工作上曾有過不快的關聯。啊，原來此人也是校友。於是，不快的聯念：無處溫柔，而今夜不過給擲到社會一個角落。※

人狗

原來我的興趣和寄望都只在人——這完全因為一隻狗的出現。而狗又因為人才出現了幾天。

一般人都說狗是人最好的朋友（人不是人最好的朋友嗎），牠們二十四小時在幾百呎地方內隨傳隨到，奉贈熱情，不像人，不易有熱情，有的時候又擔憂著待會必然的失散。因為想到，真正的單獨並不美麗，所以便買一個朋友回來，而牠剛巧是一頭狗。

養狗的書籍教導我怎樣和狗相處，怎樣教導牠，發掘牠於我的種種好處避免害處。狗最重要是懂得在指定地點大小便。而這是一種習慣問題，狗一切行為和情感都源於習慣。每天在那裡排泄，基於生理心理問題，便非在那裡不能放下一點一滴。非常可惜，又是習慣，習慣常常叫我們替一些本來機械化的現象，多添美麗神奇的傳說，如今連一隻狗搖尾的熱情都不能倖免，原來只因為牠們習慣了嗅到某種氣味便作條件反射。

僅此而已。

人也大概難以例外。所以對著這些熱情的狗，便念及人的種種，令我忽然感到虧欠了很多，很久。既然總是虧損，為甚麼不能在人的身上，反正都一樣。

狗不斷在地氈上撒尿（這陋習，書本說，可以訓練改變）。而我已漸漸厭倦了培養，我害怕，因為這樣，所以那樣的無情關係（書本說，主人對狗好，狗便會回報）。我對牠壞牠便壞，對牠好牠便對我好。公平而接近貿易。（書本又說有孤僻小孩，擁有一隻狗以後，便惹來大群小朋友，時常到訪，純屬那狗可愛的功勞。）

狗不斷在地氈上大便，這原是牠的原始習慣和需要。可惜我已無甚心力替牠走上遵守紀律的軌道。一旦上了軌道便容易忘卻鬆懈時的真相。

所以便起了放棄之心。然而S說，有一隻狗，他們便會時常來和牠玩，說得非常正確，因為狗便不怕路長崎嶇了，C說人不如狗，然而話不是這樣，正如P說多了一部唱機房間便多了許多人，原理甚為簡單，本無感嘆，無須珍惜。

最後狗還是送回寵物店，少了很多聲音氣味和溫度。這樣好，靜臥著的枱櫈不用穿插了生氣。可以盤坐椅上，雙腳沒有濕暖的舌頭在舐，然後聽些傷感的歌，或流一點淚，都較前方便。

可是真的奇怪，身邊來來去去的一切雖無從主宰，但我們卻不一定選擇幸福。

把狗迅速退回去後，自然有不少人替那僅兩個月大的幼犬不值。

憐憫之聲四起，嗚嗚嗚，那毛茸茸的物體又這樣可愛，雖然憐憫一般都是頗為容易佈施的感情，無本生利。P說得對，應否繼續養下去，只有你自己最清楚。

是的，就像一些平凡的歌，心理作祟，只有自己哼著才莫名其妙地感動起來。只有自己才知道，用紙吸抹那些從漂亮的狗毛撒下來的糞便，是甚麼滋味，像在照顧一個嬰兒，那狗玩累了雙腳平攤在地上的幸福姿態，這些都是不安的來源——把情感全寄寓於一隻狗上，不是淪落的先兆嗎？如果有誰繼續責備我無情，我便會以廉價感情斥之。把弄別人手中的嬰兒容易，餵奶換片才困難。因為那狗可愛而愛，卻難度極低。如果有誰問我，有惦念那流離的狗嗎？我會說，有一點內疚，但要是三兩天的相對便動用到惦念，那以前和以後又是怎樣與人相對的。

我一面抱著沒有溫度的衣服，一面想到一隻狗令我認識到這麼多，知道欠缺的，懼怕的和需要的，滿有智慧，獲益良多。※

三年——

第一年。

舍監只和我匆匆談了七八分鐘，便叫我兩三日後搬進來，可以先帶些必需的物品。他問：年齡？科目？興趣？擅長？我想：有甚麼關係？有甚麼關係？

我帶了毛巾、牙刷、內衣褲和被單，像去宿營，以後夜夜就在這裡宿營了，只是，遲些時間，必需品可能會越積越多吧。

第一夜。

只簡略和幾個人招呼過後，便攤在牀上和中學時的同學談電話。然後夜了掛斷了靜了，這高貴的椅沉色的地毯……而我是這酒店房間的主人。這麼夜，門外還不斷傳來放肆的談笑聲。想像外面一片熙來攘往。他們是誰？他們是學生。我也是學生，卻比他們大一兩年，在這裡是他們的 tutor。舍監說，我的作用只是要 make friends with them。

想著門外的面目，便睡了。醒來覺得有人進來嘶嘶沙沙弄了一陣，原來是洗廁所聲音，像在酒店。

第二年。

有個人無端拿碗公仔麵進來。煮好了，便在這裡吃。而我在另一角做我要做的事，間中間聊幾句，然後又兩不相干了。或者有些晚上說得興起，便會講下去，黑夜無盡頭，放心地談，忽然倦了，就此打住。

一個穿短波褲赤著上身，一個穿睡衣，為甚麼要走在一起呢？沒甚麼的，不過是這幾分鐘之間的事。並不像外面的約會，大家穿得好好，時間地點名堂弄得好好，然後談甚麼呢？甚麼也要談，人都來了，滿懷動機和借口。

而今夜，特別疲累和沉默。那人吃完麵便自走了。

第三年。

不少相處了兩年的，都走了。是不是應該有一些難過呢？總有機會回來探望的。但現在反成為外面的人了，在一些大規模的慶典裡，他們會回來高興一下，然後講些近況，甚至屈蛇留一夜，然後，既是客人，總是要走的，滿懷動機和借頭。如此，是不是應該難過呢？不是的，因為老一代未走前，又暗裡不自覺培養了新的一代。這地方，訓練我們問候分手會面又告別，每年流失一些又新認識一些。而人為甚麼會認識？總有原因的。有些因為是同學有些因為是同事，而我們因為同住，在這間宿舍，朝或者夕對住，彷彿別無選擇。動聽的說法是緣，掃興點說，是客觀環境從中造就。不過，也可以這樣想，將來離去時多看西環兩眼，其實並不因為數算出來的種種好處：地點，風味，等等。其實只因為曾經和一批人在這裡出入過，因為有一段日子花在這裡。這樣想，一切便顯得轟烈點。

三年之後。

自然要走了，但只揀宿舍附近一間屋來住。那裡有一道長長的樓梯要走，出入很是吃力，但三年來積聚下來的必需品多起來，再不只是一條毛巾一把牙刷了，一發不可收拾，於是貪就近；只一層不太習慣，從前在巴士總站下了車便往上爬，而現在忽然要掉轉方向往下走，有時不免回頭仰望多幾眼，無由來地覺得委屈。外頭的朋友最難明白我這種行為。當然，未住過宿舍的人永遠也不會明白，甚至有時連我自己也不。

我在這裡既不是學生，便不能若無其事地像一個平民參加這裡的大規模活動。因此，我的宿舍日記沒有記下盛大的水陸運會，沒有切實嚐嚐迎新營的苦難，根本看不出一間宿舍堂皇的面貌。我的情意結只繫於看電視、飲茶、消夜，和閒話，鼓勵別人頹廢。嚴格來說，我在這裡並沒有執行過我的職責——上情下達，做一道好橋樑——反而自溺其中。只寫下一些小圈子的日記。如今看著，卻佔據了空間，干擾了大事。不過是個二百來呎的房，另附十二間房廿四個同伴。

或者，將來我只記得這裡是薄扶林道 82 號，叫聖約翰學院，到相識的人都走清的時候。※

聽不到的點唱——

以前時常鄙夷點唱這種行為，常常懷疑這未免是把兩派人馬之間的情份公演，不外乎讓旁人做觀眾，如此授受雙方都更具面子。

然而今天才發覺，都不是的。

電話太廉宜了，一撥就是，聲音連容貌也勾勒出來。故在某一個晚上忽然想起十多天前還一起生活的宿舍兄弟，便生了點唱的念頭。讓他們不意地從收音機——一個本來冷硬的箱子，忽然傳來熟悉切身的感覺，既遠亦近，因為廣播聲音本如此飄忽，一剎那變得可以握得住了。

為怕太夜了他們都睡了聽不到，所以便央求主持人破例提早點播。每一個晚上我都會遠望無涯星海點點星光。雖然如今我們都難以看得見一顆星，但我總想像黑夜裡該有無數耳朵聽得見吧。

終於按不住打電話回宿舍問他們，聽見嗎？誰知空無一人。早說這是個艱難複雜的過程，由付出或發出到接收接受都得配合天時地利，不然，縱使唱得激動，卻聲聲都撲空。

※

認真——

夜接追稿的電話，對方責怪，怎麼遲遲未能交稿，又屢次脫稿，定然不重視他們雜誌了。我當然大聲說不。不，正因為太過重視，過於認真，才有屢次脫稿。

這倒不是客氣門面的藉口。而是實情。有些意念醞釀已久，本來可以下筆了，卻總想再待時機成熟，找個適當的時辰，更衣沐浴集天時地利於一身才動筆，結果？果然一待就是半年一載，最後胎死腹中。

幾時找一本宏宏巨著，認真地讀它一讀。挺直的腰背，十八吋的距離，光猛集中的枱燈，清心寡慾，了無雜念……只是，這種環境難得完全配合，於是巨著只看了幾頁，閒雜之作，在地鐵中偷瞥幾行，在臨睡前半倚牀背懶看幾頁，反而讀完了一大堆。

即使是愛。定然要認真的，就是她嗎？這樣算不算認真？那樣對不對門路？不夠認真，便不應繼續了。都只為認真之過。放棄，為了認真。失敗，為了認真。脫稿，為了認真。故欲要一切運作如常，最佳辦法莫如認真地處理世事世情。※

鏡——

鏡是一塊無底深潭。

想起午夜對鏡削蘋果皮，便會看見將來配偶的傳說，更覺那塊鏡後是一些壓縮了的秘密。

小時候怕鏡，特別在深夜。此物因善於把各種光線和影像重複，但又略加歪曲，所以令入夜後的廳房佈滿各種奇怪的光影。深沉的一幅牆本應埋在黑暗中，但一塊鏡，便為它貼上無端的剪影，櫃門無端多了一張牀，牆上無端多了一些窗，窗外是對面樓房的窗，窗內是陌生人的頭——你的牆無端多了陌生人的頭。

而當一塊鏡跌碎，披露背後內容，水銀和玻璃，更覺它的深沉。都不是好東西，水銀有毒，而據說吃水銀是煉仙法之一，至於玻璃，透明和歪曲之間，碎了又容易刺傷。

鏡中的容貌永遠染上一層陰霾，永遠把立體的人和物拉成一塊冰硬的圖案。鏡破之後，風景面貌猙獰地咧笑，呵，原來那是水銀這毒物拼湊的假像——和人生真像鬥脆弱。

所以，還是古老的銅鏡好。索性只昭示模糊的想像，沒有欺騙你這是真像的企圖。而且摔不破。※

書

既然是書，形狀總是悶悶地，一疊疊方塊，圍成一列列城牆，總不會不規則。

規則是這樣的：沉厚的書脊，攬遍沉重的知識，很有涵養樣子。最怕聽見辭海，大詞典們隆然轟合的巨響，一垂手左右或上下兩叢書書頁便驟然合一，曾經查閱過哪一頁哪一行哪一個字呢？無法追究。深沉一合，大海茫茫。有時一個空氣繃緊的夜，詞典開合的聲音，告訴我，這是個很學術，很用功艱苦細密的夜。許多疲倦的經驗：眼鏡加深幾度？明天幾點起牀？只想著煲公仔麵，和五四書生風味的一盞燈。所以我怕巨型的書。但纖幼的書排列成一長欄，卻更有羈絆感覺。一條條柱，一個個狹悶空間。而書頁都是渺小的。特別那些聖經紙，上千張才積就一掌的厚度。平日把一些字屈在紙上，再壓縮於書內。無數筆劃都在指示出路，紛紛想逃脫。一層層書，一些即將倒塌的森林。

又一個夜，忽然大雨，F說要趕回去因為怕雨濕了破窗前的書。擔心的眼睛逃到我的窗外。

那是個方形的框，框外想像他遠方方形的書。遠近張力，都規範於一本書內。所以看著，書很像一個殼，用來囚困也用來躲藏。※

某—

很喜歡某這個字。從來沒有一個這樣好用，精確的字。

我們搖頭擺腦地說，某年某月某日某時某地某人……總有追溯前塵的氣氛，一剎那間添了不少便宜的滄桑。一說某字，從前一切便輕易地成為可供咀嚼，值得談一小時零五分的故事，很是轟烈。

我們無故地世故，又故作譏諷說，某人——或者某甲某乙某某，為甚麼不直接點名呢？原來某字有為存厚道姑隱其名的功效。由是，一說某某，便為旁述他人的行為，添一些講是非的神秘魅力。

最大的用處，是把我們和這些某某保持一段距離。不提他的名字了，只是登記編排做某甲。疏離而且不屑。而人的相識相交相處既然是一宗宗麻煩卑劣的買賣事件，用某字抵禦總是好的。這正如今天，明天，張三李四，不久，便慢慢淪為某天某人，輪廓漸失，只一個某字可辨。不久，我們身旁堆起太多無關痛癢的某某。幸而很快又有鮮明的新血補充。

※

許願有很多方法，每種都告訴我們，希望是怎樣渺茫的一回事。

就說廟堂吧。每枝香頂端都有一點微光，緩緩住下侵蝕一釐一步，每個願望要實現，都艱苦如許，但總有蝕盡到底的時刻。揖拜，撥動了上升的煙，罩起了簾幕，煽動了朦朧的希望。彷彿，越拜得使勁，手上的香便燒得越快。

就說擲個銀幣在龜背上吧。擲中的，便可以許願。滿池烏龜滿地硬幣，砌成一幅圖案。那紋路古怪的龜背，負袱著古老的玄機，流失於周圍的分幣，大都磨滿各種形態的傷痕，就此散落於池底，多少奮勇撲向龜背的願望寂然沉沒。

就說看流星吧，未曾凝定於滿天星圖的瞳孔，怎捕捉得住流星？許願的一個要訣，是要趁流星滑過時在心中急急唸出那願望如封閉多時的咒語。

不是每一處天空每一個時刻都可以看見流星，所以要伺機而許。流星是霎眼間的事，即使真的在眼前掠過，也要平日把許願辭唸得流利熟暢，才握得住時機。許一個願，已經要精密的策劃，但那只是願望，誰保證必然實現？沉默的觀音？冷硬的龜背？短暫的流星？許願如是，奮鬥亦如是。※

杯裡風光——

菊花茶是十分淒美的。

那一瓣瓣皺紋，在人為的乾涸歲月中變黃。淡綠的托，各自在同類間擠一個角落。雖然渺小，仍柔力扯住一疊生前的舊瓣，等待輪迴。一旦得以投身燙水，都擺脫先前萎縮的醜貌，在杯中，一疊疊淒涼地散開來，間有三數花瓣，剝落如飄浮的小舟。那水先前還是無色無味，菊花卻在浮沉之間，把前生積存的香氣，盡情滲出。終於，水也滿溢著那份單薄而淒涼的記憶，變了茶。

以為這脆弱的美麗就是超生，卻忘了，已經是再沾塵緣，沒法再回彼岸了。

只有死心，守住乾澀的殘軀，才屬於永恆，現在惟有隨一杯茶，載著前生今世來生，永遠消失——而菊花未夭前，還是蒼白地淒美的。※

茹苦—

不知道把菊花或玫瑰放於濃茶之中，是何時何地開始的習慣，但肯定是參悟紅塵後的妙著。普洱、壽眉都太苦澀了，而且是實實在在，把苦味全消溶水中，普洱更深不可測，無情地，要你嚐透苦得莊嚴肅穆的味道，像入了無底深淵，才得以齒頰清明，成正果而甘。

但太吃力太單調太內斂了。凡人都樂於加添一些浮面的安慰物，綴上美麗的畫面和氣味。於是，撒幾點菊花，便成了菊普、菊壽，作為香餌，好引渡出凡。卻不可太多，淪為浮俗的一堆花露水，要在若隱若現之間洩露一點苦味，一線仙機，方不會陷於單純的假局，樂而忘返。

要在茹苦之前沾香，因香見苦，由苦入甘，才合方寸，才耐再三細味，才有一種誘人的曖昧，才像人生，才像紅塵。※

雪甚卻無聲

大學一年班第一篇作文題目是：給徘徊在陸佑堂外的一位摯友。真是一針便傷人見血的題目。

預科時有一位很要好的朋友，但雖然一同跑步，一同在溫習室備戰，卻早已註定走向不同的路。我是老謀深算的，開始便知道不同的生活圈子定必把深厚但易變的友情拉薄。於是，常在電話中交換資訊，我把校內的是非，新認識的同學都讓他知道，又打探他最新的工作情況等，為的是可以透視對方的生活枝節，因為我知道，沒有枝節，怎堆得出具體？但我也深知，這種陰謀只是一齣預知結局的戲，其中過場的必然橋段。

果然，一切都在預料之中，掌握之內。最初是一星期一次見面，不談各自的生活底細，便說說流行曲，但共同的話題這樣單薄，怎可以說得入味？於是淪落為一個月見一次。而約朋友是最出師無名的，老（去的）朋友聚頭，每月一次已經嫌太密了，況且，朋友總是不經意地，因為擁有共同生活或工作圈子才不自覺地認識往來的，聚散濃淡都是隨機式，沒拖沒欠。「君子之交淡如水」是最得體的安慰詞。當然，各有各的基地，物色人才，不了解對方的生活枝節，只一味地說些最表面的問候，或者是單刀直入的內心話，當然清淡如水。我常在被迫的情況下做了君子。

大學第一二年，常向那位朋友數說校內某位師兄的不是。這兩個被我封為「絕代雙驕」的大仙，開口學術，閉口研究，常把「檢討」、「澄清」、「界定」等了無人味的字眼掛在嘴邊。所以，我是很嚮往那幾個預科的舊同學說說娛樂圈的是非，淺白而直接的感受。但幾年之後，竟然常為他們偶然詞不達意，用字不夠準確，邏輯混亂而感到不習慣。所以，雙方都成了君子，然後懶於訴說自己和傾聽對方的瑣事和感覺，然後偶爾為疏淡的關係而痛心，然後不懂痛心，然後冷靜理智地宣佈無奈。

朋友一代代地過去，每次結局總是預知的。未知的只是時間，一代完結和另一代興起的時間。舉目四顧，雖然盡是相識的人，但內心都在積雪，每個人都在披雪上路。途中間與路人互有真切的交往，摩擦而溫暖，融掉了肩上的雪花，直到走遠了，便又重新疊滿了飄雪，成冰，等待下一次解凍。

但人都不自覺在等待。

雪甚，卻無聲。※

此刻我們是人——

我們滿有智慧飽受教育，學會以感覺來掩飾獸性。人是會感覺的動物，因而不是動物起碼不是野獸。感覺真是漂亮。

我們談談吧。大家都變了，不再是從前的你我。或者：你變了，我認識清楚你性格上的缺點。或者：總之，愛的感覺消失了。總之不再愛了。

因為是感覺，變異的感覺，感覺抽象，容不下一部沉重方硬的計算機，組織不出肉眼可見的算術題。故此，我們總不會這樣說：大家從前所擁有的質數ＡＢＣＤ一二三四……都變了，消失了，而我們也許需要的只是對方的質素不是對方，我們珍惜優點鄙棄缺點。這時候一隻蒼蠅騎在我們的食物上，用嘴舔吮，而你我毫不覺察，因我說或者你說：我們變了，不如分手吧。這是文明的感性說話。

我們比原始高級，縱然吃著，總是慢慢慢慢無聲地吃，咀嚼不發聲，總擺出不大想吃但也得吃的樣子。

然而有一剎那我看見碟上的脂肪骨頭和肉，飢餓因而想吞噬。蒼蠅飛走了。化原始為文明。你說，我也說，是機緣不是機會，是感覺變了不是需求對象功能變了。此刻我們是人不是獸。※

傳說

傳說越神秘越精彩，越對比出現實世界冷淡無聊。今天我們回頭，看或者想，過去總軟化成好像很值得回憶的傳說。

據說，相傳，某某，如何，一眨眼成為遙遠的傳說——也許只因為不可得。

據說祝英台女扮男裝居然騙得曖昧雙性的畸戀居然又忍得口隱瞞幾年又肯殉愛又可化蝶。而我們今天把是非當人情，別說別人的事連自己的事早也四下張揚播弄別說女扮男連男男相好也是愛滋先兆別說殉愛，一滴淚也不是輕易滴出雖然想滴。

據說霍小玉苦守三年再見還忍得住可以冷靜單打又甘心退避乞墳看人風光。而我們一別三週已經為花花綠綠的聲色迷惑沖淡。再見，也好，但提不起勁去酸性諷刺。

據說長平於庵遇世顯仍千迴萬折才肯相認。而我們乾脆利落瀟灑直接——因為一段情根本難以熬得住三個月。

據傳說說，一般愛情故事都枝葉分明，弄人的只是外在際遇，內心糾結永遠簡潔清平。但為甚麼只是傳說？※

為分手事宜・特此敬告

別離的雨夜，別夜，最後一夜，在車站，在機場，在碼頭，在燈柱下，在餐店內，在房裡，在牀上，真多決裂的場面，彷彿，在此時此地之前還是好端端的，從今以後，便忽而各走各了。

有幾可？

兩個人相處大抵都是猜度度過。甜少苦多，甜先苦後。即使甜也得夾雜著不安，當然，愛到盡時，苦的成分也可供回味。

問題是這樣的，每一對即將疏離的人，都一定心知肚明，事先洞察風頭。被棄的極力挽救，死纏爛鑽，要遠飛的早做好手腳，一天淡一天以便脫手，何以忽然約好一次，又要是夜（太浪漫，可免則免），又要有雨（冬季不宜別離），毅然講好分手？

最後一次總是措手不及的。

明知事態嚴重，倒也想不到，最後一面，是那樣，有幾個旁人，後來鳥獸散了，一下車便不見人……一定是這樣的。火氣已過，心早在月前醞釀期傷透了，故也不及發作，營造一個官式法定別離場面。

每一個敏感的心，其實無時不處於戒備狀態。今時對得好或太好，改天可能便相對下減了分：為甚麼他這樣？為甚麼她又那樣？要散了，要散了。

總之動輒可疑，不懂得懷疑，當初又不會愛了。所以，別離總是在字裡行間，言談舉止之間便已發生，一個電話，兩三分鐘才一句對白，又，泣不成聲。你還愛我嗎？不大愛了，還總有兩三次冷場可供見面，才正式永別。

事情隱約覺得發生時已不能補救，事後卻也不知道那是最後一夜？驚起卻回頭，有恨無人省。

我約你出來，老地方，敬啟者，為約定分手事宜，特此敬告，以茲證明無訛。你，來嗎？

「大約在冬季」是個好名，都說不出哪一日為準為限，大約在那段日子吧。※

朋友登台獻唱，我們負責捧場。關於送花問題有人提議：「你是男子，她是女子，你去。」我便推讓。眾人都說：「還是你去，男子送的花特別矜貴。」

可見同性大堆好話，及不上異性一束花。多手的解鈴人千方百計勸慰，夠不上繫鈴人現身閒閒地兩三個手勢。

等電話，等甚麼電話？閒雜人等探問，總是百無聊賴，百病纏身的語氣，要等的人等到了，便立時是個健康正常的大好青年。

而閒人數目永遠比要人多。要人未出手，閒人便往往率先發起善心，好聲好氣卻有東施效顰的陰影，著實無辜。

最可惜要人又特別容易令當事人失望，要求特高之故。閒人一枝花雖不及要人一枝草。那朵花，基於從來沒期望過甚麼，一朵花就是一朵花，紅色就是紅色，康乃馨就是康乃馨，總之都是好意，好容易便過關。

那條草，便複雜了。送得那麼慢，又像隨手而摘，又沾著泥，又沒有紮好，似敷衍了事便算，這種草隨街隨地，也逢人都派吧？不過要求高歸高，花也雖好，一刻不忍離手的仍是那條草。

幸而必須要犯賤到某一個程度，盲目到某一個界限，才可以把草看得比花還好。而且也不可能盲目犯賤到底，一條草又吃不下肚養不了命時，終須會看得見花才是正經，綠葉只是陪襯。

可是，誰又欠了誰？如果某人也給你白眼，連一條草也欠奉，只給你一點泥一點糞，你還會長久死心塌地嗎？單方面的傾倒跌得一身是泥，醒過來。終於反眼看白眼，解咒一般。

問題是一個要人的崛起過程，當初必定曾經對過你好，即使不夠好，也略略略略的好，偶然一株養命小草送過來，才得以成為要人。

要人常投以紅眼紫眼金眼藍眼黃眼，五顏六色，使你眼花繚亂，可惜永遠不是青眼，最不幸是白眼。※

談戀愛

張愛玲的范柳原說：「我們那時候太忙著談戀愛了，哪裡還有工夫戀愛。」有不太懂事的小朋友問這句話怎樣解，我便用愛情小說術語解釋：「我們光談戀愛是一件事，真心戀愛又是更複雜的事情了。」

戀愛其實也可以是動詞，可是往往在筆下寫起來，恐是信心不足，總要加添一個及物動詞才放心，不至於過分虛蕪。誰會對牢另一個人，巴巴地對坐著，盡在不言中？有形式才有內容。甚麼才是戀愛？有事可談便好。

為此我們總是談戀愛，談的卻不是戀愛，談瑣事八卦事人生大事天文地理，有話可談便好，否則即有話不投機之嫌。

廣東話更加形象化：邊個同邊個行搵個人行吓。可見兩個人在街上走幾轉，是戀愛重要的項目，甚至是證據，談的時候可以在深宵無人的電話線上，行卻無疑順道展覽示眾了。

另一個表示這種行為的說法是：墮入愛河，譯自英文，雖然頗得浪漫沉淪的真味，卻不及中國人實際。我們常常講三個鐘頭電話行兩哩路長街，代替戀愛。※

愛的證據一

儘管時代如何講求科學化，事事講究觀察驗證，愛，還是無需要證據的。電話筒擺歪了，傳呼機沒有電，最擔心誰會找你不著？那個人便有幾分形跡可疑。到你和那個人一齊的時候，電話筒拿起了也罷，傳呼機沒有帶在身邊也罷，都不再在乎了，愛的證據便更加確鑿。

可是在這種種試驗與現象以前，你的心其實也早看見了徵兆，只差未有具體表現出來。

所以不要找證據，也不要問人，只要問自己。

我有一個很喜歡發問的朋友，自怨周旋於甲乙丙之間，不知最愛是誰？

另一個很喜歡作答的朋友卻說：搞得出甲乙丙那麼多，分明沒有一個是真愛。

其實，大家心底下都十分明白，又甲又乙又丙，不外乎旨在炫耀，大情人往往不夠氣力做一個深情人。

所以不要問人，只問自己，獨自的時候問。

是非題，一定要答得快而準，稍為遲疑都無須要作答，不夠真了，還耐煩搜集證據麼？

又不是寫文章寫故事。※

龍井老友——

驚覺時光快逝有很多種方法，許多個緣起，發現買回來的龍井褪色走味變酸，是其中較為罕見的一種。

這幾天沖的龍井，總是又黃又酸，便知道來不及了，原來從大陸回來不意又是半年。那時貪多務得，入了近兩斤存貨，原意把部分分贈友人。你知，作為手信，茶葉是十分划算的，物又輕，情意又可據交情淺深而釐定份量，又富所謂地方色彩，特產風味。

一旦帶回來了，便覺得把茶葉瓜分是非常煩瑣的事情，又不是人人都如我一般愛喝，是好朋友也不在乎那幾塊葉啦……要推搪總有大堆理由，手信隨心，又沒有人相逼。

這批龍井遂暗自凋黃，倒是意想不到。

怎麼又意想不到？彷彿就因為有人說友情老一點更好，越老越醉，以為茶葉也是吧，一般的風雅事。我放著那兩斤存貨，又不是不發放出去。

誰知，有些人是普洱，陳年遠年是好貨。許久不見了之後還是入口醇和。有些卻是龍井，剛煎好的鮮甜無比，不趕快多喝幾口，便會變質；老友成為老化的朋友，久未接觸，入口奇澀，再不是當初滋味了。喝也不是，倒也不是。像我這兩斤老龍井，得個酸字。※

夢中見——

如果我說：第日飲茶見。那分明是吃喝以外便難得一見。

如果我說：到時見。那分明是見外生疏了，一切彷彿為了約定，不容即興。到時見過，便足夠了。

如果我說：老地方見。

自然是好的，假如真有老地方，假如還有老地方，假如還記得老地方。所以最安全是夢中見。

三更半夜風大雨大，你未必肯來，來了還是要走的。即使不走，你也不過喝杯茶，看電視，講說話……

夢中見，你不肯來，只要我想，你便會來，來了，只要不醒，便走不了。

夢中見，你不再吃喝，不要講無關重要的話，做無謂的動作。

夢中見，你只說短短的話，斷語如音，便沒有爭執。只有簡潔的動作模糊的影像，便沒有不滿。

夢中見，千絲萬縷錯綜複雜的關係都省略過去，只保留最好的，又沒有天長地久，便覺得愛一生一世也不太難。

夢中見，所有愛不到，見不到，得不到的，都可以說：夢中見。※

他與筆友——

我認識他，是因為見過他走路的姿勢喝茶的姿勢，聽過他嘲笑別人招呼別人的聲音。雖然，或者，甚至不曾知清楚他家中兄弟姊妹若干實際年齡若何，但只需要他一個慣常的表情，便可以感覺到彼此是認識的，再也錯不了。因為我用眼睛來感受他的一切，但這不足夠令我透視他。大家見面不外乎吃吃喝喝，看一齣戲搭訕一些評語，然後一個坐小巴另一個坐地鐵，連好好坐下來擺定一個傾訴心事格局的機會都不多，好端端碰見面怎麼會「呵，我覺得人生是……」、「昨夜的風吹醒了……」一番？

假如我未曾看見過他的面孔，單憑一封封單薄的信來認識對方，假如是筆友，會不會更加了解他？那時我會把一場雨的氣氛寫在紙上，也不再覺得瑣碎，很輕易又大談宗教觀，事先更必須報上家庭背景，畢生願望，價值取向。不一一填報書寫，怎填得滿信紙？這些話這批資料，眼前大堆相識的人也不知得那麼多。

那麼是遠方一個素未謀面的人比碰口撞面的他還易了解嗎？是的，只要不見面。只要不見面，對方的好處都盡在紙上。我們執筆為文，無時無刻不在美化種種喜怒哀樂，不夠美的活動不寫，不夠性格的事不寫，七除八扣，竟就忘了對方也要上衞生間流鼻涕。筆友容易清高有氣質，而他永遠在飲飲食食。

究竟是認識他的舉止神態好，還是了解一個筆友的心理好？我只知道，如果不見面，即使懷念也少了一分憑藉。※

你想過我嗎？——

甲一天忽然若有積怨般對我說：「你在不快時想到我，在樂時又漏去我一份了。」想不到他竟然會這樣說，這不過是鍾玲玲一篇散文裡的話吧，他背得老熟，又套在我們身上。我這樣對他，他也禁不住好文章的誘惑，順口溜在我身上。

而其實我是很少在不快時找人的，你用最純熟的表達能力把苦事演述一遍，好了，知道了，又怎麼樣呢？他不過多聽一個故事，多嘆息幾聲，知道這世界上多一個人知道你的不快，是不是便真的減輕了痛苦？出來喝幾杯好嗎？好。我們有時不過為了對方那一聲爽快的好，便覺得，啊，還有他。如果為事而煩，便想：有朋友便夠了。如果為某人而悶，便想：還好，有他。缺了甲便找乙，不外乎在轉移目標。即使立心要找人做發洩對象，也不是乾手淨腳的事。找不著，四下立時更加灰暗。找得著，是他了，又要試探對方是不是已經好好坐下來聽你說話。有時甚至覺得把事情從頭說一遍，無疑又鬧大了一分，在心頭反復折磨還不夠嗎？

甲或者沒有這經驗：在房中一個人坐著，想著不快的事情，忽然就想哭，誰知那房間的冷氣壞了，一身是汗，手腳癢起來，不如就搬到廳裡坐在摺椅上，聽些淒涼的歌才算，連眼淚都要選好地方才流。如果可以選擇，誰都寧願在一張潔淨點的牀單上輾轉反側，再流一點淚在雪白的枕上吧。如果甲明白這個道理，即使只在苦時想到他，又何必埋怨？萬一只在高興時才找他，不快的事又另找對象，那麼他又不過淪為一個不夠整潔的枕頭，又有甚麼光彩？

何必怨何必爭？別人快和不快都想起你，自然自覺重要，那麼，別人快樂或者不快樂都因為你，豈不是更加重要？只怕又變成一個重擔了。我想甲知道，因為別人而快樂，並非幸福，因為必然也會因他而不快，正如喜樂時要找人分享或者苦惱時要找人分擔，都不是好事。人間有情，何必有情？你想過我嗎？想起又怎樣？※

「了」——

我常常在自己的初稿中撿拾一個個「了」字。結果不得了。一大堆，好了，知道了，不會再錯了，太過分了。了得多了，事事便顯得沒有餘地，結束便結束，完畢便完畢，一目了然，一一了斷，了卻，了結，了事。

大抵因為難得，才說「我笑了」而不說「我笑」。因為忍得久了，才說「我哭了」而不說「我哭」。

「死了」、「走了」、「完了」、「紅了櫻桃碎了心」，多少有點意猶未足，不想如此了事的意味。

「我不愛你」可能只是戲言，「我不愛你了」卻使人驚心動魄，似乎已經過一番掙扎，才毅然決定，一說出來，卻了無轉機。

「了」字加強已經成事的味道。於是有一個時期，我便十分害怕，何以稿紙上的「了」字漸漸多起來呢？

一定是發生了太多事情了，而這些事情又已經有了「了局」了，所以才反反復復「了了了」起來。

一定有過很多變動，又有過很多感嘆，最後終於吸口氣，下了一個又一個「了」字。

從前還不察覺，看過張愛玲給她前度愛人的留言，才懂得這一切。

她說：「我已經不喜歡你了。你是早已不愛我了的。我是經過一年半的時間考慮，惟彼時以小劫故，不欲增加你的困難。你不要來尋我，即或寫信來，我亦是不看了。」

大家看「你是早已不愛我了的」一句何等佶屈，張還是不厭其煩加上一個「了」字。

當然，「是」字也是十分厲害的。事實已成定局，不著大量「是」字，如何表達箇中的堅毅？

發生的經已發生，要結束也已結束，是了，是這樣了。※

從來未揭過三世書，也從未見過有比三世書更可怕的工具書。一個人知道自己的過去，尚且可以增加生活情趣，畢竟已經過去了，好或者壞，也不用再去經歷。如果相信有輪迴果報（如果不相信，也就不必再揭三世書），更好，目下覺得不稱意的，一律賴到前生的頭上；現今自覺幸福快樂，想到是前世積福，期票如今兌現，那今生的快意又要添了幾分。

可是，三世書的重頭戲還在今生來世。有多少個孩子，婚姻狀況若何，幾時死，怎樣死，死在哪，一一詳述，講得實牙實齒。來世是人是畜，是雄是雌，投身哪裡，境遇如何，也被迫揭曉，連姓氏都一併報上。

姊姊大概是個過分關懷自己的人，居然查起三世書來。她從前原來是個和尚，生於德州，且又貪心在寺中偷了些布料和五十隻碗，所以今生要償這筆債。

原來她是他。

這個和尚臨終前或者也曾恐懼一番，死了，如燈滅？或者因信仰的關係，雖然自知未登極樂，也自信必可投個好胎無疑。可是他一定不知道竟成了她，在香港，在一間官校教書，結婚生子，又請了個菲傭。他和她已經斷絕關係了。他並不認識她。誰說不是燈滅？世上早已沒有他這個人，她也不知有他——如果不是這三世書。

要是害怕死亡，便令自己相信有來世，不失為一種慰藉方法，還有續集，好好欣賞下去；要是相信有來世，便不要看三世書，看著，你會發覺雖然有續集，但全易了角，互不相關。一去再不可以回頭。※

這裡是一間鬼屋嗎？──

最有人情味的地方，是鬼屋。

生人聚會，散了，枉有一副副肉體，都不輕易回頭，無所謂留戀，不留戀。總以為去了又再來，凡事何必看得太死？換個地方甚或換個班子，如改朝換代一朝天子一朝臣，便又是一堆好漢雲集。

只有冤魂最是癡纏，守在一個地方幾生幾世，認為這就是唯一好去處，縱可上天下地，竟只鍾情人間一角。有些臨終前特意穿好一身紅衣，化成厲鬼──必須有更深的情或愛，才甘願有再深的情吧。

在一間屋內搞天搞地，其實也無非為了要講故事。看，當年就是這樣，故所以，唉唉唉……向一些莫不相干的後人作祟，縷述前生種種。當年想不到會這樣收場吧，還以為有機會在自己相識的人面前顯靈，聽一句體己話，誰知一閉眼已是百年身，在一個回憶的空殼內勾留，一般寂寞。

每一間鬼屋總得有段故事，某某某一段情，一截是非，一場爭吵，一番波折，一次意外，一腔恨，一口氣，而最後一廂情願獨守凶屋。

或者有一夜你獨自歸家，唸唸有詞：沒有一個人，並沒有一個人，竟沒有一個人……不如就懷念從前聽過的鬼故事：從前，有一個人……又或者去問你那個人：如果大家死了，這裡，會是一間，鬼屋嗎？※

有人生日

有人生日，要令他高興，便得讓他覺得，生日了。

於是我在屈臣氏揀生日卡。一大堆五顏六色，他一定也會收到不少，怎麼便能高興？我要一張黑白的，這一定能夠在一片喜慶中留下點陰影吧。

至於內容，盡是別人老早精撰的，植在卡上也不知多少時日，看了最多會讚歎：揀得真是得體。我不要得體，我要自己說的話，或者將來他執拾雜物時偶然打開來一看，才會感動：肯動手寫幾隻字。

於是我又約他晚飯，最好沒有旁人助慶，否則雖然容易製造高興，人一多屬於他的份兒又少了，一定要讓他覺得這只是他的生日，而我現在為他慶祝。

當然還有禮物。如果是裝飾品，要保證他也歡喜才好，否則反為刺眼，過早藏在陰暗角落，又怕我上門時瞥見大家難下台。如果是日用品，如果是一個銀包，啊，他一生又曾經收過多少個銀包，他又用得多少個？

最好是一枝墨水筆，他每天都在寫，用得越密，便越多與我有關的憑證，即使筆嘴終於磨鈍不能再用也不枉了。

於是我又買一枝墨水筆，就那樣交給他？不，不要令他高興，如果他當面見著，萬一又不太驚喜，他怕我怕他不夠高興，一定會表示高興，那又不是我的原意。

我原意不過是要令一個人高興罷了。

我就用這枝吸滿墨水的筆，在原先空白的卡上，寫上他的名字，又寫下自己的，白紙黑字，猶閃著濕氣，彷彿變壞了的血液。

終於，我還是第一個用這枝筆的人，然後我會包好，偷偷放進他的抽屜，我不敢看見他看見禮物時的表情。※

鏡中人——

傳說，十二時正，點一枝蠟燭，對鏡削蘋果皮，便會看見未來配偶的容貌。但一定要小心，如果蘋果皮折斷，鏡中人便會死去。

這真是一個怪艷的傳說。

不要說，那蘋果很像一個人的象徵。你用刀鋒一圈一圈地剖開鮮紅的皮膚，肉就一疊一疊現出來，鏡中人就同時浮現。手中血紅的蘋果，鏡中掩映的人頭。不要問，燭光怎樣把鏡中的你或他染上魅色。

單單想這些問題：鏡內映現的全是對方的畫面？還是彼此空間重疊的風景？你和他的面目疊映？鏡中人在做甚麼？你削蘋果時他的活動？將來某日某時的預告？還是，向你咧嘴而笑，向你招手？

誰主持這次行動？為甚麼要選十二時？蘋果？鏡中影像轉接過程？突變？融入？如果皮斷了，他會於何時去世？猝亡？三年之後？心臟病發？你是否守寡？不然，那個「他」又怎算是命定的配偶？「他」會不會不忿無辜猝亡，跳出鏡中復仇？想找答案，不如試試，且故意斷皮。但誰敢誰曾？所以——？？？※

午夜我回香港大學一行，經過陸佑堂後門，四壁霎時塗上霉色的暗影。兩旁，一格格的儲物櫃，得到陰影的幫助，又霎時長高，像伸展到天花板。但這是夜，而且是傳說中兇猛之地，不敢舉頭證實了。怕幢幢巨影會塌下來。

但一列列方形櫃門還是逐格無情地在面前排開，難怪有這樣的傳聞：夜裡這一格格的門很像神庵內載骨灰的間格，想著，忽然，眼前有個學生模樣的人，打開了其中一道門，幼長的手指捧出一個幽藍的骨灰龕。他轉頭向我微笑，然後走了。笑容是深刻的，眼神呢？忘了，好像，只有一張微笑的嘴，沒有眼。四壁是昏暗的，寬大的階磚卻反映著異樣的光彩。由於冷硬，更覺得寂靜的地板很容易會給踩裂。放輕腳步，可惜仍是削破了脆薄的空氣。而地板，真的裂了。裂紋像兇猛的爪迅速向我伸來，退避，躲在一排櫃旁。背後一把慈祥的聲音說，別怕，讓我們謙讓隱藏如一顆花生，長埋地下。我想遇著救星了。一看，此人穿著難得溫文的長衫，面貌祥和，一派學者風範。我們握手，我說我叫林夕，三年前是中文系學生。他說我是許地山，是六十年前中文系系主任。※

夜蛾——

死寂的時刻，任何一點聲響都好像擁有生命，何況是牆壁暗光上的飛蛾？簡直像是有靈性之物。

守夜的護士朋友說有幾個晚上，同一隻飛蛾停在同一角落，驅走後又再回來。

這本來是不難解釋的現象。因為漆黑中只得那寸光，撲火的夜蛾自然以之為唯一目標……說來，倒有點像人，而正由於像人，對那幅牆那方寸之地的眷戀，便固執得寒意逼人。

蛾本來就是妖異之物。蝴蝶的圖案，更艷更美，也較為正氣大路；但一些碩大的蛾，巨翅和身軀，絨的質感非常強烈。有一次便捉到一隻全身披了雪絨的蛾。至於圖案無節制的線條，艷得妖氣駭人。平常看見蟑螂蜘蛛等物，毫不猶豫便趕殺，但面對這樣華艷的蛾，不是不忍心，而是不敢冒犯，總覺有甚麼靈性附在翅膀上面，那些圓圈，是一雙雙厲目。

更何況，蛾傳說是死去的亡魂回溯舊地？那病房內的牆壁，不知會不會是一幅印象的碑石。而夜蛾，堅執著一角，或為回憶，或為重遊當年圓寂之地，或為揭秘。※

有一晚一間醫院的病人背後染滿了血，被單和白衣全是一片鮮紅。但檢查他的身體，卻沒有受傷和出血的痕跡，且按當時被單上染血的份量，流血的人一定已經虛脫，但病人卻沒有這種感覺。第二晚，同一個情形發生在隔鄰的病牀上。

以後還有這樣漫長的夜要度過，我的朋友當然是有點慌亂的，面對這樣斑駁的血痕，誰知道第三晚會不會延續下去呢？但我認為更戰慄的應該是那兩個無端染紅了的人。如何可以再次入睡呢？一旦失去知覺，又可能有甚麼東西甚麼手法甚麼時候放下了一灘血在自己的背上。這件事一般的猜測是：有人故意嚇人，或者是那些物事在作祟。

我的推想更細節：會不會那黑漆的天花板是隻巨眼，在暗裡察看每張病牀，夜夜對著老病死，偶然有些病人連人帶被一個轉身，便擦下一些血痕，那巨眼淒厲的淚——傳說中，那些東西的淚都是血紅的。※

回眸一

含蓄這種美德，在鬼故事的佈局當中，最見實用。有位生就陰陽眼的小姐，在她一大堆恐怖遭遇當中，便以最含蓄的一個，贏得友儕一致好評。

故事是這樣的：某夜，坐小巴回家，十四個座位都見滿了。為甚麼還不開車？小姐，還差一位呀，途中很難截客的。還未滿麼？但眼前的人頭佈滿各座位……準是那回事，誰呢？司機，我趕時間，我付兩份車資，開車吧。車開了，前面背靠著座椅的頭，只看見一個個披著黑髮，但誰是那司機凡眼看不見的呢？車停了，有人下車。然後，又有另一個人緊隨著，站起來，踏向車門，身體快要被門遮掩了。這人，尋他千百度，才驀然回首，向著小姐咧嘴微笑。

就是他，沒有恐怖的面容，卻有似是感激似要結交，引為同類的眼神，深邃的笑容，彼此好像有旁「人」難以理解的共同經驗，都是過來人。一時彷彿橫跨陰陽界。這身懷陰陽眼的鬼的知己，幾時才抹得清那副隱晦但又像有深意存焉的笑？※

第四章

活著自活著

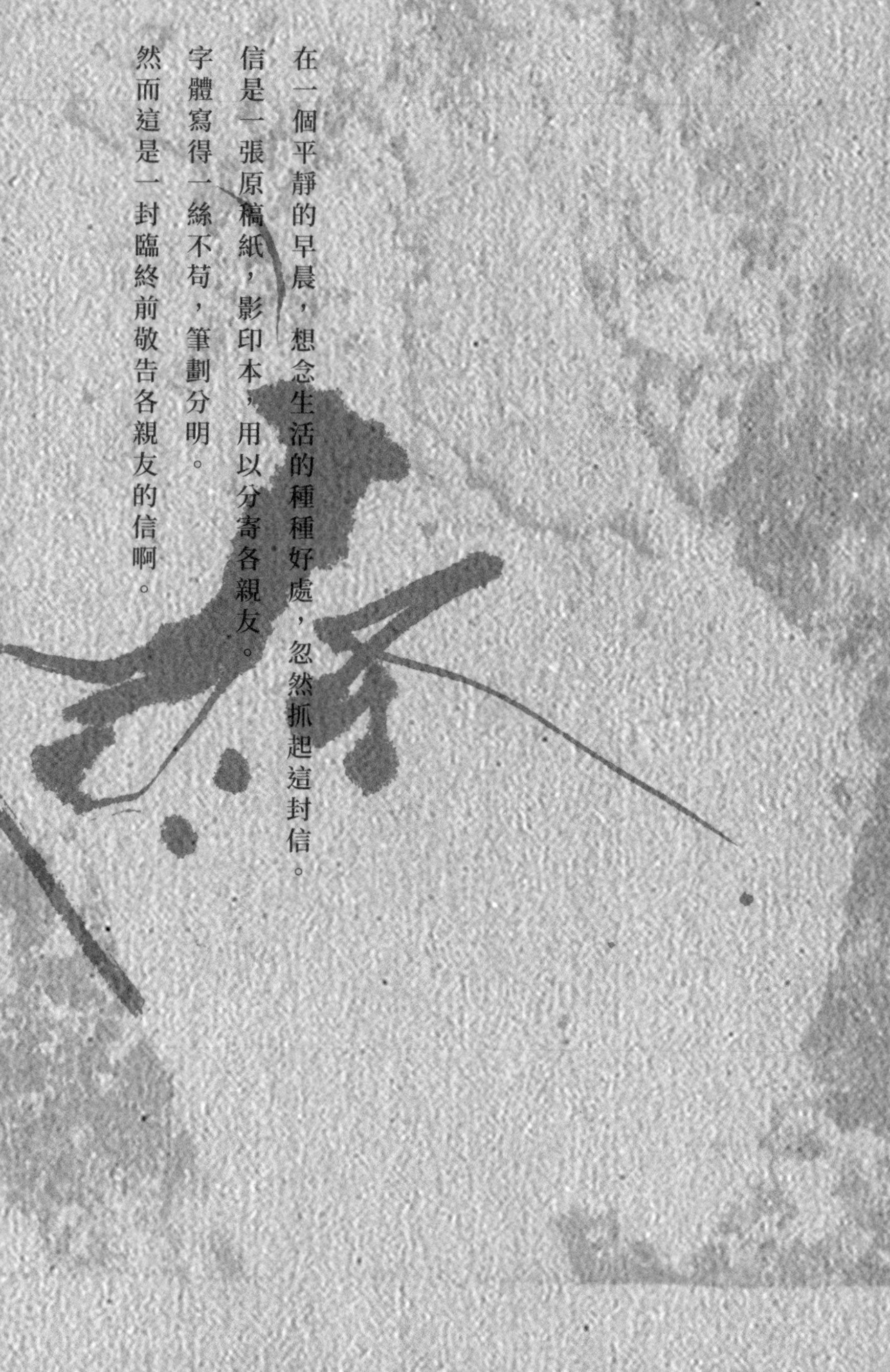

在一個平靜的早晨，想念生活的種種好處，忽然抓起這封信。

信是一張原稿紙，影印本，用以分寄各親友。

字體寫得一絲不苟，筆劃分明。

然而這是一封臨終前敬告各親友的信啊。

這個人——

這個人，生得矮小，自幼便習慣了抬頭看別人的鼻尖。脊骨總是軟弱地彎下來像胎兒的肢體，屈就一塊，不帶侵略性也就不惹麻煩了，尺蠖之屈，以求伸也，所以他總是趁未睡前還可以控制四肢的時候，便和被縮成一個繭，這樣好，這樣安全，這樣可以窺見四周的夜，夜卻再也看不見有這樣一個人寄生在它裡面。

這個人，喜歡搜集一些並不華麗的小巧物，郵票，火柴盒，分門別類。爸說這孩子好，做事有系統。他甚至從沙灘裡搜刮大大小小的石頭回家，一大袋，揹得他腰也彎了。媽說，這孩子真無聊，佔有慾又強。他用火柴盒砌成房屋的平面圖，有了樓房，也就有街道，他又把火柴盒當車輛，車來車往，有時要停燈有時塞車。親戚說，這孩子事業心極強，甚具將才。然而，當他長大以後，要找一處安心安身的地方，他竟然真金白銀買了一所房子。親友都笑他笨，為甚麼不分期付款呢？這是個錢生錢的世界，錢放在手頭總是好的。他說，不，一口氣買回來才算是自己的，誰知道以後的世界如何，將來即使變得一無所有，還有一塊完全屬於自己的地方來哀傷，以便哭得好看一點。這時眾人才醒悟，他甚麼都不是，只是一條欠缺安全感的蟲，在蠕動伸縮。※

假如是聊天的電話，我一定會對著窗，望向很遠很遠的地方，這樣容易產生互相對望的感動。而我總會從聽筒中設想對方的處境。坐的位置，光線聲音顏色氣味，朝那一個方向，對某一塊牆說話。即使我從未到過他的家，仍是一廂情願地設想。不過，竟然如此。在這悶熱的夜，趁他家中無人，他帶我上去。原來電話放在很窄的甬道旁，一條橫樑壓住這扁狹的閣樓。四周是紙皮橙箱，載書的。他睡的地方也擠滿了紙箱，每夜得一一搬起來，暫放在地上，才形成一張牀。如此，睡眠便變成一種堅毅的決斷，要睡了，才搬。我看見這樣黯然雜亂的攤子，面都灰了，因為難過的關係，很想說點甚麼，但終於呼一口氣算了。

醒醒睡睡之間，一箱箱搬來搬去，自有爽脆利落的好處（去旅行臨離開酒店前，最怕的便是倉皇收拾攤放的細軟）。雖然家的感覺稀薄，但那一箱箱書轉輾來去，便可提醒安逸在牀上的人，有甚麼帶不走割不斷呢？家都是暫時的，只這堆書隨身下榻。※

讀信—

在一個平靜的早晨，想念生活的種種好處，忽然抓起這封信。信是一張原稿紙，影印本，用以分寄各親友。字體寫得一絲不苟，筆劃分明。然而這是一封臨終前敬告各親友的信啊，困在方格內的字跡還要這樣鄭重其事，越發有著無可奈何的悲涼，還得把每件事謹慎安分地做好。

我在凌亂的牀上讀這封信。這個人雖然素不相識，但他得知自己病入膏肓後的交代話，竟會輾轉讓我看到。他感謝眾人的關懷，宣佈難以改變的事實。自嘲兩句，縷述過去的事工和心願。他說或者上帝嫌他這個人所做的事太多了。他最後還勸慰大家：生命不在乎終結，而在乎意義。

這是個冷冷的早晨。我反對生命的長短不重要重要的是過程之類論調。太短（他廿八歲）可以作些甚麼？寫這封信麼？這算甚麼呢？臨終還一本正經做一番交代，抒發老生常談的生命觀。鄭重得像寫稿。哦，剛巧五百字，又是一天了。他用冷硬的筆劃冷然地審視自己生命的盡頭，冷得像表演。我在漸漸和暖的早晨讀這信。※

紅白

其實第一件算不了白事，而且還是未來的喜事。

因為我的姊姊懷了孕，但因為胎盤出了問題，故提早入院調理候產。

上午，我到醫院探望她。

醫院範圍無不籠罩著藥水味，日文裡的「病氣」便最能形容這種味道。人在醫院的梯間，房間，電梯間，四肢也特別軟弱些。

別說病人的表情，單看他們穿著的袍狀白或藍布；別說他們穿的，單看醫院工人拖著一大籮病人穿過的污衣，雙目呆滯的表情。漸漸覺得生存是一件太無辜吃力的事，好不容易才偷閒謀些幸福，卻又諸多事故，即使非關心靈，情感情緒大好，肉體也會出點力搞事。

生，然後老病死，不如意佔了四分之三，絕非划算。我想每個歷驗這些過程的護士醫生們，都應該這樣想。

姊姊被安放在一張高聳的牀上，人睡下去後要幾番掙扎才可以爬起身那種。

她的牀邊放了戴厚英的《人啊人》，但她說沒有耐力看下去，太悶了，又著實不是看的時候。故她寧願看亦舒的《我醜》。

她說，窗外車聲極為嘈吵，因為那是一段斜路，車輛得猛力哮喘才爬得上去。

而，她的問題是胎盤下置，即位置錯了，天生的，得留院觀察直至產期，大概連綿三個月。

她又說，斜路上的車聲常打擾她睡眠。一般吃力就是了。世上沒有一件便宜的事，連初生的生命都是，本註定先蝕了一筆，利呢？歸還得甚慢又毫無保障。

傍晚我參加舊同學的婚宴。

那人的名字僅僅略有印象，而面貌卻早已忘了。或者在街上碰見會稍一窒步，但又一定不能把名字和樣子連結起來。不過既然是結婚，人生大事，自然要去觀賞。

每個人都笑得很燦爛，這些神情，在醫院的人臉上一定找不到，在閃光燈下便大規模出現。

大概因此每個人都不大察覺或相信，自己會在不同時日分飾兩角。

嗩吶才會分擔紅白二事，而且幹得大吵大鬧，仍然是那枝管，一樣地硬。

如果我們只是一枝嗩吶。※

拿著這沉重的聽筒，方惠也知道事態嚴重，語氣已著意軟化些。然而最後她還是一字一字說：「你想去死？這有甚麼稀奇，我們每個人生來就是一步一步走向西天，你去死，我也正在等死。不過你現在死，死得比你父母親早，就不是好的時機了。你要為這女人死，你連手都未拖過她一下，無聲無氣，連殉情也夠不上。你死了，別連累對方因你內疚才好。」

方惠一口氣說了這許多，心下很是痛快，自覺一一針對了這要生要死的蠢男子的心結。他母親一接電話，知道是找癡呆鬱悶的兒子，連忙大吐苦水，方惠於是用道理來敲醒這其實不太深交的男子。

電話掛斷了，海浪聲又隱約傳來。方惠寧願聽這些，所以她一個人從擠滿了人，擠滿了關係的家搬到這裡。

人都很麻煩，這正是長洲的好處。遙遠的航程澇熄和眾人相交的誘惑。每天下班後回到這個家，便是個安全的天地，等閒不易作無謂的周旋。

方惠聽著重複單調的海浪聲，越覺很多事其實都簡單得很，只是人們處理得不夠利落吧。

例如那痴情男子，單戀一個半生熟的女子，以致長年癡癡呆呆，簡直是感情大平賣。他的家人更加婆媽，見他走火入魔，不但不痛斥其非，反處處迴護，惟恐幼稚心靈有所損傷。延誤彌久才肯送他進精神病院。

想到這裡，方惠更加氣憤難平。這男子原是她的舊同學，幾個校友說起他終於入了青山時，方惠說，啊，好事。眾人連忙怒斥她涼血。但，不是好事嗎？總比投鼠忌器，滯留家中好，家人又不懂醫治他的心理。為甚麼人總不能痛快利落，面對感情和感性的障礙。或者，她應該詳盡一點說，以他目前的景況來看，入青山畢竟是可行的辦法；甚至，應該只嘆息幾句了事。

方惠最感到奇怪的是，大家都受相同的教育，何以會不明事理若此？尤其是那男子，不過是在侮辱努力求生的人。

當然，求生也沒有甚麼可敬的。要是這男子真的就此輕生死去，本也沒有甚麼大不了，反正努力求存和奮勇求死的，最終都是一死。問題是，他母親無端浪費了一場撫養的心血，血本無歸；那被單戀的女子無辜留下些陰影，雖然，遲早也會逐漸抹去。

方惠對自己分析的結論頗感滿意。所以，她想吃一個艷紅的蘋果，她需要一些實質的東西。她用鋒利的刀削皮，然後用報紙包果皮。

咦，有段很吸引人的娛樂新聞，未看的，原來報紙是今天的。不過也算了，算甚麼呢？今天的報紙，還有三小時便又成為舊報了。不看也罷。※

宿舍十八小時——

一雙眼睛盯著我。

我認識的，眼睛說話了，響破一切混沌。原來是一埸糊塗地睡在一大堆被單和陽光之中，不知何時走來了S和曹貴子。於是三個男人癱瘓在一張短窄的牀上。

宿舍的日光總是短暫的，剛睜眼，便只剩下五個多小時的白天。曹說到飯堂吃午飯吧，但我剛開竅，如何吞得下這樣的物體呢？總是一堆豆粉和發粉的糊狀物。S說不如去國邦飲茶吧。我說，這才像人話呀，但，國邦沒有下午茶，只得不足一個小時的嘆茶時間，唉，大同的茶質略劣，且心愛的菊普又欠奉。咦，好像少了兩條紅蓮燈？S凝神望著魚缸，用嘴唇來數算，不，還是二十條，有兩條躲在草裡。昨天那埸壁球打得真差勁，有沒有看過？現在到哪裡吃飯？

我們合力煮了三個公仔麵，還有豆豉鯪魚，回鍋肉。我有二千字的稿要趕，曹要繼續追回十多課筆記的失地，S三時有課，還是不嘆茶了。

午後四時。

二千字很快便耗過，很快。

但還有討厭的萬言論文要交，還有註釋，為甚麼總有那麼多分岔的精密註腳呢？我討厭複雜，以及正氣的陽光。我喜愛簡單和夜。納悶，於是打開曹的房門，呆滯的目光擱在書本上，但迅即化成笑容。大家都苦悶，都微笑。我們互相舉手擊掌，慣常地唱〈千個太陽〉頭兩句。曹拿起二胡，不如拉拉吧。〈江河寸〉，跌蕩而不曾停斷的弦音，憂怨，如同西環樓柱旁崩缺的楷書石字。曹說這是某個朝代慨嘆江山為蠻夷所佔的哀曲。我總是小心眼，想著五六十年代香港街頭的老乞丐。我只屬於自己，即使是在別人身上的傷感。

二胡惹來很多好事的閒人，越聚越多，曹再拉了〈啼笑姻緣〉。眾人胡亂合唱，便又心滿意足，各自歸房。我拿起那二胡試拉幾下，卻像個失常的人嘶叫，按在空弦的指頭，總拉不出準確的 mi 和 fa，於是，放棄了。誰愛聽破壞了五音和諧的變調？

我回到自己的房，收拾好資料卡的迷陣，抓起一份大公報，專心看那娛樂版。

晚上八時。

捱了一餐公仔麵，大堆人於是雲集在 common place，辯論有關飲食的地點。火井太髒了，結果去潮順記。白飯魚，蝦醬通菜，炒蜆，菜心牛肉。放肆地，挖苦，對窒，取笑，萬筷齊飛，聲色俱厲，把食物嚼下。大家都很暢快。曹說一月要搬走了，那時要筵開兩大席，眾兄弟要狂歡一晚，還有雀局呢。去年舊人離去，狂歡的告別筵，也以雀局為高潮。

眾人深入地談論著一鋪四家大牌對峙的戰況。

我望著懸掛在街外一串串蒼白的魷魚，還有些新鮮的大蝦屍體，和雪。曹說一月後會兩星期回來探望我們一次。大家都開懷大笑，商議著複雜的送行節目內容。

晚上十一時。

穿鑿附會一些參考書目。

收音機：「我空虛、我寂寞、我凍。」很美麗的傷感，但我還是喜歡簡單的喜悅，何必定要追溯那麼多，那麼多旁證和參考書。

午夜一時，安全地帶的〈藍墨水色的肖像〉大碟，那些電影原音配樂確實很詭異的。人問我為甚麼這樣迷安全地帶。我就是喜歡那詭異，音樂和人都邪氣逼人。我不喜歡正氣。

午夜四時。

近來養成了深夜走出走廊徘徊的習慣。房門緊閉成死寂的巷。想起很多一樓的故事，那廁所半掩的門，無人無物但無中生有的聲音。但我不害怕。眾兄弟就在附近，人多勢眾，且高高興興，怕甚麼？

清晨六時。

窗外單色的黑夜開始變質。路和人不安分地蠕動起來，車聲急密。應該要睡了，於是拉上窗簾，單純地睡。曹和S早酣暢入睡了。我們有各自的時間表，但相疊在午後和傍晚。

清晨七時。

還是空洞，我的肚。沖一杯暖暖的牛奶，撫在懷中如同沉默的二胡。

我微笑，看著一月走近。※

說起來，鄧真是一個有趣的人，這還是點點滴滴相處以後才發現的。

最初，大家都呼他猥瑣本。顧名思義，就是集小男人色情小趣味於一身，另加幾滴粗口就是了。而且他又打麻將，且章法不俗。因為唸的是數學，故數口特佳，一誅一攻頗得大體。兼具鎮靜從容之優點，絕不像其表面性格特質。

照常理觀察，他是頗為暴躁的，純男性的暴躁。有次清晨睡夢中給窗外花王剪草的聲音吵醒，他便推開窗破口大罵。總之，他常常是理直氣壯地把面孔和頸項漲紅的樣子。

誰知，漸漸，我們發覺他不大講粗口。有時也不是那麼憤怒，他的口頭禪是：唔講邊有得講。一派深諳無聊真味的風範，深懂發掘話題故意作大的樂趣。他房內的壁版貼了一張手畫的叮噹，另附詩樣物體，一些表現童趣的字跡。

甚至，我發現他原來很努力看些中文小說，還要是《人啊人》、《張愛玲短篇》、《圍城》之類，他又立志想寫點東西（我看過，寫得很糟）。原來並不是那麼粗糙的一個人。在他身上我學會了分派扣帽，隨便劃清界限的危險。※

隔夜茶

隔夜茶據說會變質，喝了便不太好。如果是隔日呢？從來沒有擔心過白晝會令事物傾斜的。也好，喝一杯隔夜茶，特別苦，泡久了的茶味厚而雜，令人知道得更多，醒來不太快樂的早晨更要這樣，因周圍都已經沒有人，自得喝喝剩的茶，還要看報。

報載，天公造美，日偏蝕三時，市民得觀其景。為甚麼日蝕會是奇景？大家都明知太陽並沒有減了幾寸幾分——其實每分鐘都在爆炸耗損，但又肉眼看不見；為甚麼是天公造美，我們不是對盈虧圓缺特別敏銳麼？有人問觀音菩薩哪可在同一時間聆聽如許繁多的祈求？問得真是好。有人答，觀音有多重化身，可同時接受禱告，就如一座接收站接收電波。答的也好。諸般煞有介事的祈求不外乎在向一個衞星發出電波吧。年月推移，日久便會習慣了感情心事不外乎是這些電子原理問題。

所以在宿舍的周年大宴上有人因為要走了哭得非常徬徨，周便說扶他作甚，不如回去睡一覺，醒來甚麼都沒有了。周是個愛潔淨的人，絕不會沾上一點微屑，自然這樣說。大家各自回去睡覺，明天喝一口隔夜茶，喝不下，淋花也是好的。據說，水質滑膩，澆仙人掌最好。※

我本來就是——

唉應該怎樣解釋？

誰希望自己的皮膚給人按捏得過早皺褶？但我終日感覺著自己潔白完整平順的肌膚，從沒有機會面對蒼老，居然便渴望像我的兄弟姊妹一樣，給人撫摸到衰老。

不過我也應該明白，沒有甚麼辦法補救，這是宿命。何況啊，我只是字典裡一頁紙。

是最後一頁紙。

每天主人把我們平放，同胞們便把我腑臟壓痛，軀體越趨扁平了。然！這有甚麼相干？我本來就是一頁薄薄的紙。豐厚的知識在我出生時便印在面上，但誰來撫摸呢？

我是Z族的，血管流著Y的細胞，ZY……只是些科學性專門術語，酵母、合子植物、脊椎關節……誰曾關注過這些冷僻的內容？

本來，只要我能落在一個讀理科的人手上，便可以不愁寂寞，或者，是個唸翻譯的，大家公平競爭，均分榮寵……唉，如今。

每夜當枱頭的燈光忽然亮起來，主人的手把我們翻動，我便血脈賁張，以為機會到了——畢竟，誰希望一生屈在紙堆裡，縱然我們原本都是紙，多見一點光，總是好的。

每一個人每一張紙不外是希冀這些本來無甚益處的輾轉翻揭。那天S族的在炫耀自己如何經常得見主人的面孔，據說不怎麼漂亮，眼太小了，但也聽到我心癢難耐。

本來我也想回諷他們有甚麼得著呢？這不大好看的面孔，見得多了，不外如是，反而一身潔白的皮膚也給磨得灰黃起皺，這，不覺得是一種污染麼。

但這話還是沒有說出口。

我只是一頁紙，生來就沒有資格發言，而且，似我們這些滿載筆劃的紙，生命的意義正是要不斷遭別人的指頭按捏，留下汗污指紋，才覺得快慰。

如今也只能接受天意安排，投身在這環境裡。我的主人是唸文科的，終日在人和事的關係裡打轉，何曾有暇閒注意我科學性的內容？有一次眼前忽然有強光襲來，但未及瞥見他的面，便又重壓在黑暗裡。原來只是他的指頭揭錯了。

然後，我只聽著近在咫尺的沙啞的揭紙聲，壓痛我的身軀，心頭癢癢。不過，我會等待，大家終於有天都會枯黃脆弱，一同給人遺棄在垃圾桶裡。我們不過是一頁紙吧。※

這一切，我知道的——

一位摯友近來情緒低落，夜裡致電給他，不在家，定然又是徘徊在中環的夜色裡，不是胡亂猜想，我知道的。

畢業後在政府裡當公務員，安穩高薪但沉悶，這不是他的夙願，我知道的。

報章來了一個專欄，但常常出現漏校的錯字，標題又間歇地給總編擅自更改，而日日見報的地盤，又令他喘不過氣來，有時迫得降低質素。他是一個要求完美的人，因而憤恨，我知道的。

還未找到理想工作，於是把現在一切已經擁有的套了灰，我知道；但怎樣才可以有效地勸慰他，令灰沉善感的性格加以理智的反白，我不知道。

我只知道怎樣在陰沉的微末角落儲備、等待，或者只有等待，但萬一機會真的飛來，便不致手忙腳亂。抓不緊，失了手，可能要用白髮和無數次中環心痛的慢步來期待下次再臨的機會。我錯失了無數次，於是挖破了疼痛的心，於是狠心冷靜地，五指透力地抓，抓時機。

在報章寫稿，自己的稿，別人的地盤，別人的筆名。但不遺餘力地，寫，真的東西和情感，假的不是自己的名。榨賣傾出本來可以大加發展的材料。只是為了讓從不知我這個暫時長期代筆人姓名的編輯，因為訝於稿件質素而垂青，給我一個專欄，或者，最低限度留下一個單薄的印象，一種筆法一種風格的印象，不是名字。

寫、榨、賣，賣力地躲在別人風光的膝後。後來有一次脫稿，讓老總自行填補天窗。於是原來欄主不再讓我代筆了，說者總氣憤萬分云云。我為不能再用自己的東西填補別人框框而失落了。

幾天，幾個星期。甚至，惡毒地，詛咒那個框子會因為水準驟降而給讀者離棄，發黴，正如我從前為別人寫下的文字。於是，我不再買那份報紙，且慶幸不用再為別人出力，心頭輕快。但五指緊握著以後每一個機會，緊抓著從前剪下的一片片漸黃的方塊，印著別人的名字，尷尬地暗戀，如同欣賞一片不屬於自己的黃葉。

不久，那欄主又再不支，我便暫停慶幸，繼續代筆，而且更拚盡全力，將功補過。但這次只是散件批發，間歇瓜代，老總仍沒有知道我的名字，於是我懷疑，人事、方便、互利，比質素更重要。

我知道的，人事比質素重要。所以我抓破軟弱的心，抓住機會，鑽營，甚於鑽研，結厚一切，笑容、嘴唇、臉皮、穿插、交遊。終於有機會取到一個專欄，且還負責整版的約稿事宜。因為人事，不是質素，但我要用質素證明，寫我要寫的。可惜總編處處提醒，要多些輕鬆的，八卦點的，於是我毫不猶豫地憤起遷就，提高可讀性。因為我不敢違拗，不敢抗辯，因為我懼怕一旦失去「約稿助編」這職位，便沒有誰會找我寫稿。

不能計較和堅持，因為多年前在一報章寫些散稿，有幾次編輯把我的筆名改為自己的，於是稿費錯撥，於是我追討，於是稿件永不錄用。我知道的，要屈就，反正鉛字也是凹凹凸凸的，但要給別人看，看得清楚，就要印在紙上，壓成扁平的字，順滑溜手。而堅持，是穩握機會後的事。

吐了這大堆心狠手硬的苦水，用甚麼來開解我的摯友呢？我知道的。

我教他寫專欄的方程序，如何堅守字數的限制，如何適應報章讀者的閱讀習慣。我要勸他沉住氣抓機會，誰叫我們都這樣犯賤地渴望寫和被人看。我會教他如何屈縮變形，然後在適當時機復原，告訴他我走過他現在的路。

一切運氣都是偶然，一切機會都要等待。但不是一切都可以隨指力而緊握掌中，不是一切都永遠扭曲在黑暗的硬殼內。傷感不是一切。

我還要叫他不要隨便恨運數和際遇，也不要太愛遙遠的光。反正愛和恨都同樣冤鬱地白費氣力。

我知道他有一天會知道的。我知道，但也渺小常常忘形。※

這些女人——

既然年輕，當然無法想像年老的一切。既然老了，亦當然看不見年輕時種種。

每看見中式裙褂店內沉重殷紅的褂服，便想起這麼一種女人。

她們好像從未年輕過。她們愛在藍天，嘉華，白麗這類名字的服裝店，做一套衫裙。質地總是英格蘭絨，啡色紫色橙色間成條紋，永不縮水，耐磨，觸手溫柔。

她們不怎麼搓麻雀。如果搓，反多了一分俗趣。但她們大都非常安分，生活正當，消磨在一生唯一的男人裡。如果男人好，當然平淡甜蜜地過去了，但好人不易求，而她們也可以平淡地周旋過去。

黃的母親就是這樣一個女人。她的丈夫是個好賭不顧家的男人。於是她辛苦工作勤儉生活，省下錢給大女兒往外國讀書。她堅持不用洗衣機，每次都是拿大水桶跑七八層樓取水來用手洗。每晚放工後煮飯，或者看一兩小時電視，然後睡覺。睡不著睜開眼或許看見那男人睡在身旁。

這些女人，或喜歡橙色的窗框，或者插幾枝橙色劍蘭。剝橙的時候雙眼瞇成一條線，怕燈汁濺痛眼睛。

她們更加不明白，為甚麼下一代都不愛鮮艷，反而沉迷在灰暗色澤當中。※

低頭便見這乞丐坐在地上。

最難看是他的頭髮，後面像一條辮，沒有紮住，卻已被一塊塊黑色蠟成一柄，還硬硬地遙指地面，那該要多少時間呢，長得這麼長。

坐在地上的，通常都在賣。

或者搬來一個幾十元的普通電子琴，賣一些流行的旋律，但單調薄弱，聽來自有一種不流行的淒涼，不如索性賣舊的，拉一下胡琴，把著弓，蝕在弦上，欲盡還有，不是可以洩一點恨麼？即使落後了，也就此抱著這琴一起落在人的腳下去。

或者賣字。每個人都自有說不完且自認是感人曲折的故事。用一些娟秀的字體，磨在地上，那真是磨出來的，粉筆蝕得很快，灰飛湮沒，不過這樣比較容易惹人感動。長長半生，寫在短短路上。

或者賣妻兒的面色賣自己殘損的肢體。或者賣襤褸。眼下這個就是了，甚麼也欠奉，只坐在地上，故門庭冷落，一個三五煙盒，載住個五角錢，都是金屬，一般冷落無聲。

抬頭便見這些人走在地上。

他們都看我的頭髮，一幅幅黑毛茸，他們不知道，是我的衣服一部分啊，暖暖的，蓋在背門，以防著涼，誰說過呢？攝親，有人說的，攝親。

坐在這兒這麼久，都沒甚麼可賣了。

我又不懂得拉弓彈琴，如果我會，還會坐在這裡嗎？有一次拾得一枝粉筆，真想在地上寫一寫我的過去。不過有甚麼好寫的，每個人都差不多，差不多又一世人了，不活到這年紀看不通這些事，活得到看得到的都知道寫無可寫。況且，試過幾次了，石屎路面一凹一凸，那粉筆寫在地上，手都震著，難以控制，比吃更艱難，何必？又寫得不好看。

這是甚麼日子，口乾得想睡也睡不來，最後一枝煙也吃完，很久了，三個五，真好，有鐵盒載住，用來乞，也乞得響亮些。

最討厭的便是剛要睡著了，便噹一聲吵醒我，不過一元五角之類，少一個多一個作得甚麼？

噢，又要合起眼來，因為一陣風過，塵頭大飛。※

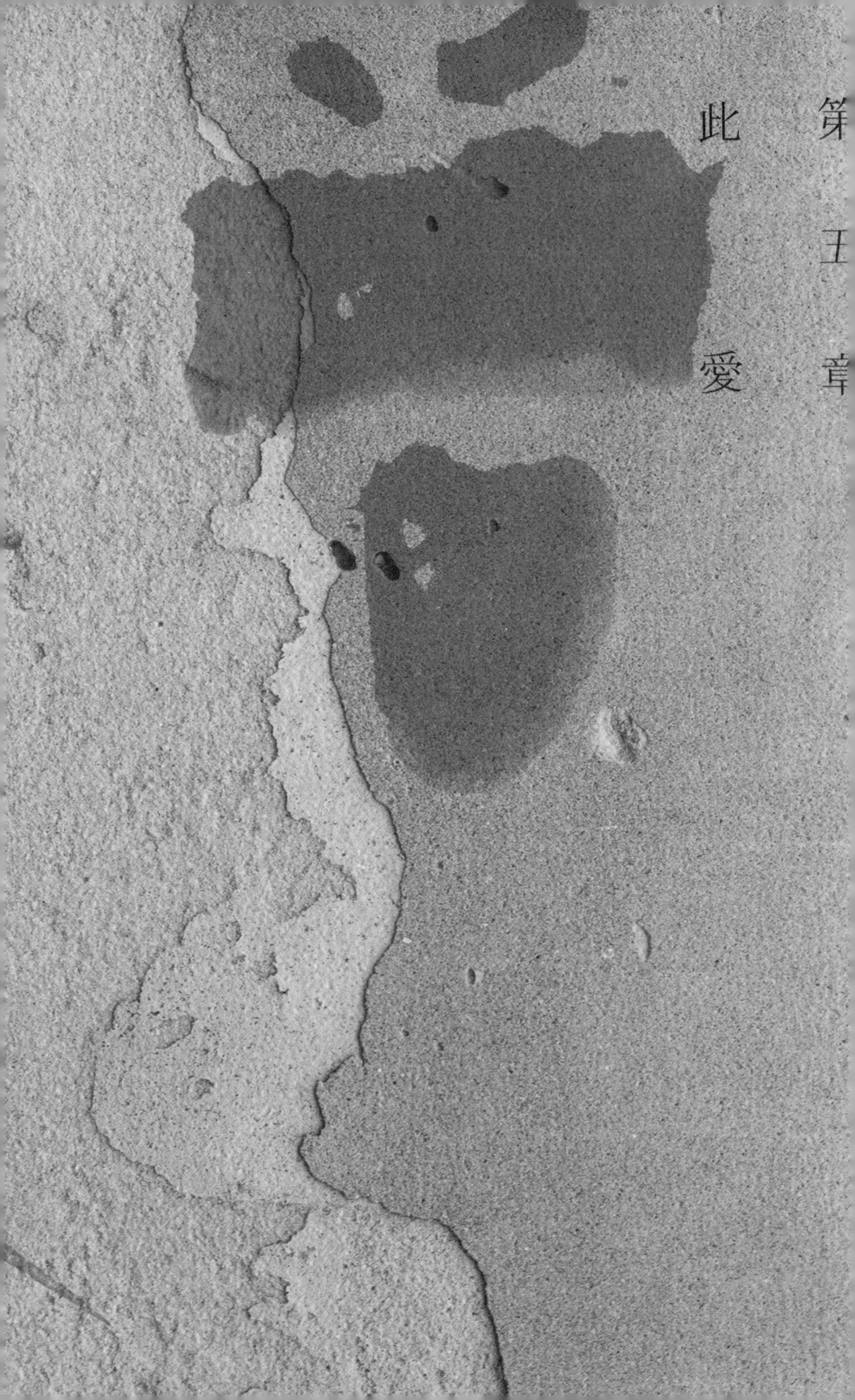

第五章

此愛

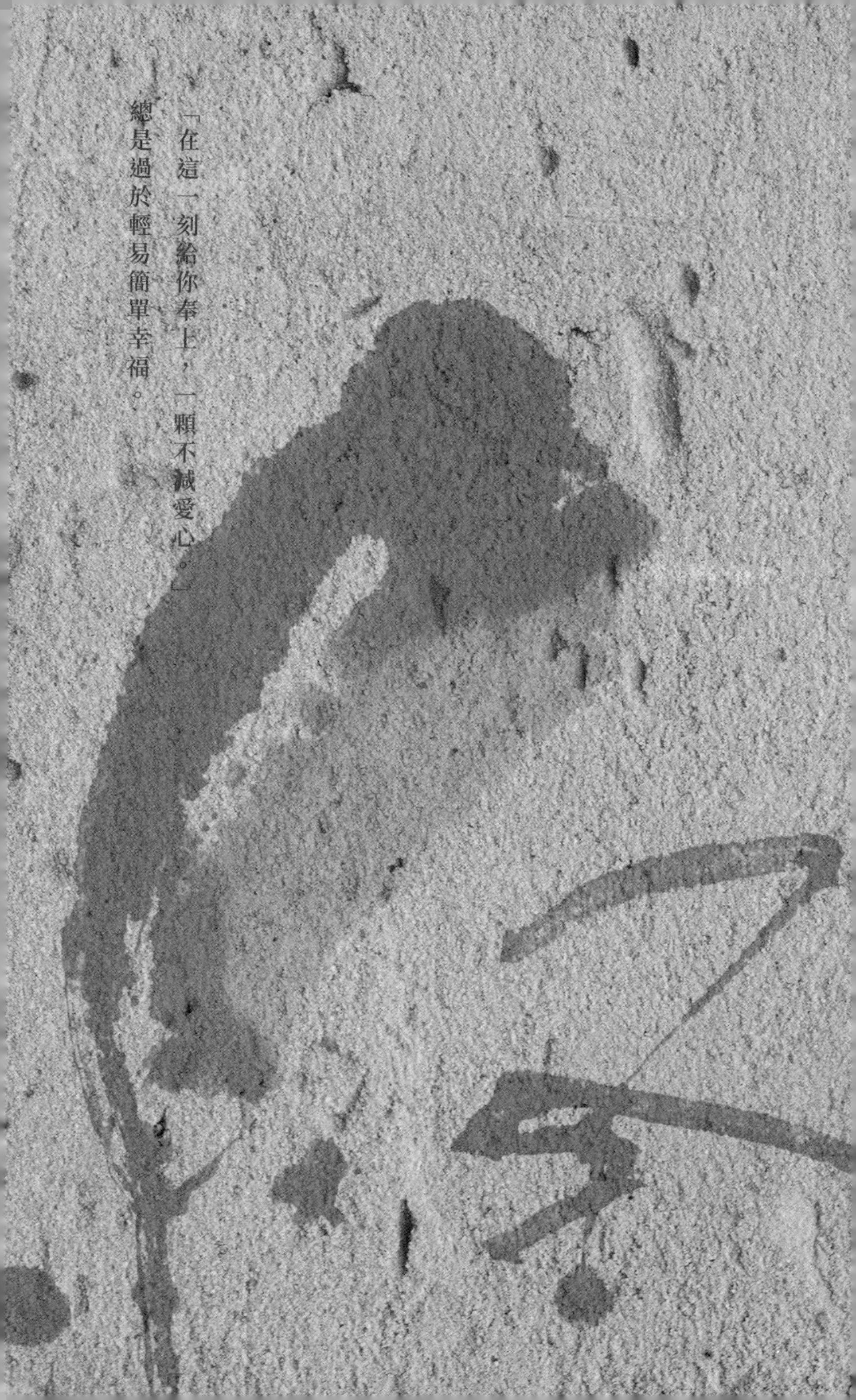
「在這一刻給你奉上，一顆不滅愛心。」
總是過於輕易簡單幸福。

C和他的女友——

只要是C的朋友，又明白戀愛這回事的，便看得出他和女友的感情也差不多了，快要到痛痛快快說再見的關頭。

C每次見我們都帶備他的女友，而且表現也不算不親熱，大家玩得興高采烈。誰知，事後談起，才知C每次和女友相見也就順帶約我們一大班朋友。或者應該說，和我們玩鬧當兒，順道便見女友。我們見C一回，女友便隨著見一回。

C是個精打細算的人，他真的這樣想。還數算著，好了，昨天見了，歇一個星期，下次可在某某的生日再見。你問他，怎麼見得這樣疏呢？應該恨不得每天見一趟才對。他便說：「唉，大家住得遠，又要上班。」噢，原來是這樣的，一個北角，一個沙田，剛巧兩個都要上班。大概七至十天見一次吧。

本來，如果情深，誰還按捺得住這漫長的七天？不過既然他覺得這是因為工作和地點的拖累，我們旁人也只好相信，疏遠也為著環境所限。

然而，後來，C居然在一次聚會後打電話向我訴苦，他見各人熱鬧過後便逍遙離去，而他卻要駕車送女友回家才算完事，於是感到負累。

而我想，事情到這地步，誰都能看出，不長久了。是自己心頭著緊的人，熱鬧過後單獨相處才是戲肉，少一個閒人多一分感受。散會後便各自離去，回家的每一步便各不相干，心頭一陣不安，最好我看著她踏過家門，這樣才像生活在一起——但只有還在愛著的當兒才會這樣想。事情過去了，感覺丟涼了，便不再一樣。雖然是同一個人，同一條街，同一部車。

C用煩厭的語氣說著開車送女友回家的經過，這原先或許可以是浪漫的事，絮絮不休地訴苦……我便知道，他和她，已經完了。※

一個人走著的街上——

從不介意一個人吃飯，自由選擇地點時間，也不用培養適當心情。但偏偏有很多人把獨個兒用膳視為寂寞指標。

一個人在街上吃。飯後童心大起，買了一份朱古力蛋糕。怎麼是童心呢？原來那蛋糕上噴了老式的cake字樣，久違的舊式花餅圖案。吃得不夠，還餓麼？不，只是一時高興，在這天涯海角，居然可以買回童年的食品。留待午夜充飢麼？不，沒這樣長遠的計算。反正高興，就買了。那店舖是很老式的，還用難得的原始草書雕成石質招牌。老闆小心翼翼夾住那件朱古力花餅，深恐弄歪了上面英文字母的筆劃。不過一塊多錢的生意吧，卻滿臉誠惶誠恐，推介著那小磚朱古力雞蛋麵粉發粉混合體的好處——自言自語，像沒有對象的聊天。

於是，雙方都愜意地熱起來。推開店門，一陣涼風披過。走在漸不熾熱的街上，捧著那蛋糕，指頭都僵硬，因為，一個不準確的姿態，便會把上面的奶油弄得稀亂，面目模糊；且，手頭這營養豐富的食品，彷彿有一股暖意，精緻的蛋糕纖維，如同濃密的棉被絨毛，溫暖我，在這一個人走著的街上。※

「王一生成為棋王之後，嗚嗚地說：媽，兒今天才明白，人還要有一些東西，才叫活著。」後來阿城把這句話改為：媽，兒今天……媽——

常常和F把大家在報上寫下的文字當人話來說，另有難言的趣味。

有一天F的老師問我，F生活愉快嗎？我想F正好寫過這樣一句，便照引原文無誤：既然是生活，總不會太快樂。

老師只是一愣，又問F讀書讀得好嗎？享受嗎？這次索性即時寫稿了，說：「讀書時他覺得快樂，但讀書後得來的卻令他痛苦，知識越深厚看得越多，總是令人不安的。」老師只支吾一陣，忽然說：「為甚麼你今天會這麼說話呢？」

真的不太像人話。但有時候燈火誘人，自覺站的是個舞台，對著適當的人，便很想說一些非人性陌生化的內心獨白：To be or not to be, that's the question。個人即使等得及，時代是倉促的。你的雨衣像個藥瓶，你是醫我的藥。我們那時候太忙著談戀愛了，哪裡還有工夫戀愛？

可惜總是幾個人之間的小圈子語言，終究不太像人。於是想起阿城要刪改的理由。※

八卦——

八卦是一種保持生活愉快的必要因素。

有些花花綠綠以報導翻揭或杜撰藝人私隱為selling point的週刊，我們叫八卦週刊。

為甚麼呢？報攤上還有數十數百種刊物，音響飲食音樂政治財經美容馬……羅列資料採集消息分析現象，無非都在挑逗讀者的求知之慾。每一個在報攤旁邊躬身翻揭任何一本刊物的人，總難逃好奇心作祟的嫌疑。

但為甚麼一定要刊登公眾人物大事小事的刊物才博得八卦雜誌這美譽？顯然，一般人認為追求無關痛癢於己無益的知識，謂之八卦。

刨馬經不是八卦，因為這是賭徒鑽研爭取意外財富的途徑，於己有益。看財經雜誌，不是八卦，經濟關係市民生活世界大勢，投資策略影響個人收支，有關痛癢。因此，關注歌星藝員明星的愛情進度和工作苦水，便是八卦。

八卦好，這是個不太功利的興趣，正如歌迷迷他們的偶像，證明還有些不太計算的時刻。

八卦好，證明還有足夠的精力去注意一些無益也無害的瑣事。年輕人八卦更好，在還未須要全身投進認真的世界前，鬆弛一下。

不八卦怎生得黑。※

不自覺—

久別之後，三個人又在一個微寒的夜夜話了。

他手舞雙筷，指揮著放水餃進火鍋內的工作，她把蔬菜鋪在震動的水面，我，看著他們。由於是老朋友，不應是這樣的，便逗他們說話。他說水餃很好吃，她說菜燙得太久了。我說大家不如傾吓偈。他和她都說好，她看著他，他看著我，我看著他們，對望是容易的，但怎樣開始這次偈呢？

後來不知是誰說水漸乾了，要加水，便忘了要開始傾偈此番偉業。大家繼續吃著，看見電視播《勁歌金曲》，談起某首歌詞好壞。然後，便由歌詞談到《聖經》。他們都對保羅沒有好感，常指罵誰錯了誰該死。耶穌便仁慈了。然後談到永生，人死如燈滅，洋洋灑灑。我很是溫暖，這才像舊雨重逢，夜又這樣寒，便提議不如在我處度一宵。

大家同意，見良夜正長，竟自放緩話頭，傾談的興致反又放淡了。後來其中一個反悔，說多逗留二十分鐘便要走了，大家才警覺良辰無多，匆匆提高狀態，奮力交談。越覺每一秒的可貴，越趕緊把想說的話，精要有力飛噴而出。又熱起來，可惜總要在快將冷卻的前夕，而且是不知不覺，不可能是自覺。※

不相干——

午後醒來自然要喝點茶。看著水注滿了電煲，微微鏽黃色的，不大相干，因我們每天早已喝下太多顏色了。

打開櫃拿茶葉，這個櫃，由搬來開始便不斷製造異味，首先是酸味，然後放一堆劣質龍井用以吸氣，居然又生出蒜蓉味。不大相干，這裡到處都是氣味供人吸納，無從選擇。不如喝普洱，夠深色和正氣。

水倒在壺中。

良久，要喝了。每次都是這樣的，我看著水柱從壺嘴中吐出來，便檢視水的顏色，看泡的時間是否足夠，茶葉份量是否適當。

怎麼都是透明的？打開壺蓋，茶葉都浮在水面。這時候才察覺到水是冰涼的，根本從未熱過。原來忘了插電掣。有些事情以為不相干，有些以為講究得有理，誰知都是徒勞的。電才重要。

因為茶壺是中國式的，用泥燒，我便想起一眼關七的江湖人物，像我警誡力低得這樣可憐，沖茶時連水不冒煙也不能察覺，一早給人害得死無葬身之地了，還喝甚麼茶。

然後聽歌，帶著先前這一點點遺憾。

那是一節很長很長重複又重複的鋼琴演奏，很像以前說書的人，不厭其煩一字一字說千篇一律又高潮迭起的章回故事。

一章一回地彈，來回跌撞衝不出那幾個bar的旋律。咦！

原來是跳針。

怪不得反復掙扎了那麼久仍勾留原地。不過，左右無人，無須面紅啊，耳朵聽慣了混音版本的音樂，這，只是delaying的效果。一句話說許多次，恐怕錯過了，便重重複複，模糊混沌，不甚相干。

這時傳呼機響了。新搬遷的日子以來，常常忘了掛在身邊，讓它躲在暗角，甚至把它放在一袋細軟當中，和無甚相干的衣服一齊躺臥。因此錯過了許多許多關聯重大的事。

似這樣的渾噩，便大有相干了。※

因為說得太多了：「我哋係朋友，老友有乜所謂。」很容易成為賣弄對世情看破，藉故諷刺人情虛偽的火頭。

如果不說是朋友，不說是老友，說知己、知心、深交、生死交呢，好像誠懇了些，又好像超脫了一般世俗的利害關係，於是好像很可貴難得，大家穿鑿附會於投緣了解關懷等高尚字眼——為甚麼不暫時收斂一下縱容得過了分的感性？讓我們狠心地檢閱一切相識交往的軌跡……人海茫茫，逃不出客觀的造就和需要。

聖賢說：三人行必有我師焉（我們要的是師的效能），近朱者赤（要的只是朱的顏色），管寧要割席（因對方有礙他的讀書——取功名），物以類聚（性情相近，別有靈犀，改為：依循客觀規律以示級別以取認同的埋堆？和甲相處可以啓迪思考；和乙相近，卻稱為「群埋晒嘓啲咁嘅人」，映低自己磨鈍自己知覺慢慢流於淺俗）。

從此立志良禽擇木而棲但揀盡寒枝不肯棲因而孤芳孤獨。清高的眼眸鄙視別人的勢利。所謂朋友老友拍膊頭糖黐豆俗氣淺陋萬分，其實只是攀關係利益當頭。朱者盡朱，只善擇品行清高學識淵博有深度之人交之，不虞有近墨變黑之弊。不算利用因為知己友情比較動聽誠懇。友誼萬歲萬萬歲。※

天天天天——

C終於和女友分手了。終於——像已經挨延了一段日子似的，如今終於不支了。不過，又有甚麼比日子更能證明一切呢？一天天過去了，回頭便看清自己和別人的一切。

而且，事情一開始，C要隔七天不等才見女友一回。為甚麼呢？各有各工作各有各住處，不等。而我們作為旁人也看得出，其實甚麼原因都不是，只因為愛得不夠罷了。

至於他們分手的程序也在日子消磨當中變得簡明。原來已經整整三個星期沒有見面也沒有電話了。三個星期共二十一天，一天一天的等，一天比一天知道得更多，由生疏納悶到察覺出不對勁，由怨望到接受……也許無須再說甚麼，兩情若是久長時又豈在朝朝暮暮，但如果不因為情淡了，為甚麼不爭那朝夕。見面或者通電話的次數其實最能反映感情厚薄。這三星期以來，C的女友一定在等著C的電話，可惜總是撲空，空氣凝在面前，甚麼都水落石出了。

終於C來電，她接聽。大家若無其事模樣，天天，天天以來，早明白是怎麼一回事。

※

手信

很多人十分重視手信這重手續，即使他們也常常自豪說，在香港，有甚麼買不到？

有朋自遠方歸，便滿懷歡喜去接受手信分配，然後才安分坐下來看異地的照片，不然心頭可癢癢地，欣賞得忐忑不安。又假如有份兒出席洗塵典禮，表示交情夠深了，卻居然沒有半件東西分得，便整晚酸著面口。哦，我是誰呢？值不得一個三寸高的石膠像，也撈得一個鎖匙扣吧。

他們在生活上又何曾缺乏過甚麼？不過覺得是一些很值得紀念的東西罷了。既然是朋友，他們出遊自然是件快事，那麼最好的手信應該是遊蹤寫真一輯才對。可是，很多人連看別人在熟面的名勝旁扯著笑容拍照的耐性也欠奉。

算著，不禁又要扯到面子的帳上。想念某人在外地也不忘自己，行李雖然是重的，仍不辭繁重帶回來。竟然肯這樣做！偶然又看見第三者分配到的一份，發覺輕而廉，便竊竊自喜；不然，又酸酸紅紅一番。

理論上，越是至交，越能體會遊途勞頓諸事繁冗，越可以從明信片中分享一切。可是如果你最要好的人真的雙手空空和你小別相擁，你心頭肯罷休麼？※

日記一則

有時光線許可，或者會緩緩想起一天做過的事，說過的話。例如今天，我便講了這些話：

唔該，有啲稿想擺低畀A週報嘅。

哦，我上嚟唔係攞支票㗎，攞咗啦。不過頭先剛剛經過，順道寫低個新地址同電話號碼啫。

喂，有冇搞錯，又話交稿，交咗兩日稿啦。

唔該，一碗牛腩粉，一碟油菜。有冇通菜……好啦，菜心啦。

埋單。

唔該阿C喺唔喺度？

哦，慢歌嚟㗎可，唔係太慘，咁就寫啲浪漫啦，一於。

唔該一張飛，邊度唔食得煙㗎……呢張啦。

喂，請問邊個 call 一九六六。

哦，同啲音樂唔夾呀。等我攞個 demo 返去聽吓先，聽日再覆你啦。

唔該一碗魚蛋粉，一碟油菜。有冇通菜？菜心都好啦。

——然後一直到深夜，反反復復聽著新馬仔的〈客途秋恨〉，有過幾分鐘糊裡糊塗的反應。涼風有信，秋月無邊。但呻吟得太久了，害怕起來，便扭開了電視，有些人話聽聽，而且是親切的《倚天屠龍記》呢。

鄭少秋和汪明荃在對話。漸漸便忘了一整天說過的話，以及說話的重要性。不見得欠缺了甚麼。※

「我有次排戲，演一個和自己絕不相似的角色，自覺演得高妙，但拍檔卻對我說：你怎麼演來還是只像你自己呢？你應該放棄平日自以為最佳的說話模式以及神情姿勢，不要壓抑另一個你。我聽了回首後望，彷彿台上真的有那麼的一個我被禁止演出，就躲在幕後窺伺。

而其實，究竟是真我太強，不意闖入了虛假的我，還是我不過是一直在扮演著一個理想中的他我呢？這個問題，我可是到現在還正在想。」這是F在演出場刊的自白。

我想，怎麼會說中我心事呢？真的，當我說一些肉麻話，便往往感到靈魂出竅，有一個我在鄙視這具說著話的肉體。有時，又發覺根本沒有自己不自己，所謂自我只是一系列他我的組合而已。

在A面前比較純情，在B面前比較世故，在C面前比較天真——也許只是賣弄嗲，也許沒有真和假……這些塑造出來的他我，自問並不在扮演，好像本來就是這樣，或者是我演技夠生活化，或者是爐火純青。

然而F說他這段話沒有人明白，每個人都說深奧。F於是憂鬱。而我比他大三歲，理

應肩負開解的責任，不宜憂鬱，但卻制止不了孤獨，雖然他和我都有如許繁複熱鬧的他我在一副軀體內，但依然孤獨。※

好醫生

以前母親常常說，這個醫生醫咳嗽好，那個醫生醫腸胃好。

以前父親又常常說，甲醫生和他最夾，所以一有風吹草動便一定去看他，轉看別的便不甚投緣。他以為甲醫生最熟悉他的體質，用藥輕重可以針對遷就。

以前姊姊又說，最反對人介紹醫生給別人，甲醫得好乙，未必醫得好丙。

這些話顯然令醫生的形象回暖，彷彿和芸芸病人也有所謂緣分，雖然，大部分醫生都只能辨別病容病狀而不能辨認病人。

而現在，醫科學生卻常常對我說，咳嗽是因為受了某種刺激，故勉強吃藥壓制，只能治標；咳嗽就如發燒，是一種警號，咳嗽幫助我們排泄那些刺激素。不過如果咳嗽影響日常生活，便不妨飲些藥水。藥水分幾種，有些可以代取。另，一般私家醫生如非有心拖延者，大多開重藥，以便邀功（甲醫生醫肺醫咳好，不如看看吧）。根本無此必要，你看甲，他也是給含有ＸＸ的藥水給你，甲乙丙丁差不了多少。

醫學知識略增了，反而覺得醫生大抵只是個眼利手快的白衣人。※

除了藥水味，就是呻吟聲、白袍、泛黃的面孔。但這並不是醫院病房令人不舒服的地方。

某次深夜，隨兩位醫科學生，潛進瑪麗醫院病房內探病。由於是非法入境，所以要披一件白色的醫生袍，穿插在白色的長廊，半掩的門之間，自己彷彿也成為其中一種慘白。喬裝的身份，先自內心鬼祟起來。突然好像撞到甚麼東西，原來是群白之中突現的幾隻黑字：「深切治療病房」。

聽朋友說有上吊絕命的病人從那裡推出來。忽然想起一部恐怖電影，有一道門藏著很多神秘事物，一到作祟時刻，門縫便鍍了黯光。但那只是一種神秘美，「深切治療」幾個字仍實實在在釘嵌門上。我感覺和死亡這樣接近，不過因為穿上了一件醫生袍。

但那些真正屬於白色世界的一分子，面對處理死亡如同家常，到了這個境界的老手，死亡便不再入於哲學感性範圍之內，藥水、呻吟、早把死亡化為一堆實質的肉的感覺，不過是生理上的變化。觸動了肉體，觸不到內心。※

白色蟑螂

我們在一間馬來餐廳吃揚州炒飯和乾燒伊麵，黑色牆壁上有一隻白色蟑螂。

這有甚麼奇怪，我們四周本來就充滿突兀的事情。不過，最初看見一隻奶白色蟑螂狀的物體，爬在壁上，一步一步，慢慢避往牆隙陰影處，也確曾驚歎一番，而且要注視良久，方知道那不是一隻蟬，不是牆上一塊污斑，不是塑膠蟑螂殼。

這東西在光滑的牆上震動著，很艱苦的樣子，好幾次差點兒就要掉落在下面一桶浸滿碗碟的漂白水裡。

同來的李君常識比較高，解釋道：蟑螂身體變白，是因為吸入了太多殺蟲藥之故，但又死不去，色素便變了。白色大概是一種警告訊號，昆蟲一代代適應毒素，DDT快要無效了。如果想殺絕牠們，要不斷更換殺蟲水的牌子。說罷，李君便感慨起來，小時候父母帶他到這間馬來餐廳吃東西是很興奮的一回事，其時覺得這是十分高級的食肆了。誰知呢？現在居然任由一隻白色蟑螂爬來爬去。

這有甚麼奇怪？我病重的時候常來這裡解決午膳，只因路程短，方便……後來病好了可以吃得更好更雜便又來疏了。想不到今夜倉促間還是重臨一趟。而我們又在一隻白色蟑螂身上體味種種蛻變。這有甚麼奇怪。※

關於《聖經》，自小的印象只是驚懼多於感動，想起罪的工價乃是死，除我以外不可有別的神，很少念及上主慈愛一面。故自信得救機會甚微。即使有朝一日忽然變成教徒，也是礙於形勢，懾服於《聖經》種種預言如期實現。

小學聖經課老師——她的身份至為尷尬，對著一班未經啟蒙不一定是教徒卻被迫就範的罪人，擔當傳道人。有一課談到以色列復國，只記得她雙眼露光。說他們大班人都非常震慄，以色列如《聖經》預言復國，簡直不可思議。老師還解釋，以色列當時四散東西，誰膽敢說復國之事，由此可見……語氣還帶有點威嚇成分。

此外，關於中東一帶將有寶藏（原來是石油），上面兩個國家成為死敵（兩伊），另挪亞方舟遺骸於北極附近出土，都甚具恐嚇效果。

然而信仰一定要靠感動，不然只是一宗交易罷了。當我垂下眼睛關了燈仍沒有半點靈性，便知道必將沉淪地獄。不過這也頗實惠，因為據啟示錄預言，東方有一大國於末世興起，絕大多數人都說是指中國。假如一切是真的，這一注，押得過。※

她這樣——

我們都替C的女友可惜。人這麼好，玩起來夠投入，卻又大方隨和，彷彿甚麼事都不值得大驚小怪，都可以應付得來接受得到。而這包括她的情變麼？

我們只看見她平日的隨和，誰知道她是怎樣在寂靜的電話旁數著，嗯，又是一星期了。即使她平日如何相信淡如水等道理，內心也一定曾經做過一番工夫。拿起聽筒想自己先撥起話頭，試探對方，究竟發生了甚麼，最後又放回去。如果他在，為甚麼閒著也不撥電話聊幾句；如果不在，去了哪裡？如此心頭一陣掙扎，便自覺十分犯賤，教人知道恐怕會偷偷竊笑，特別是他。幸而這只是拿起電話筒又迅即放回的動作，即使如何羞慚都只在自己心裡面翻騰。

然後，或者，她會盤算著要是他真的來電，得準備甚麼話才洩得一口氣又不致弄得決裂？然後，她屢次因為電話鈴聲而心跳面紅，搶著聽了，知道是旁人便用惡語氣回敬他們，然後，又覺得自己做盡這許多彆扭尷尬的事而難過。

愛不是一件美麗的事嗎？即使是失戀，也只能淒美，應該與尷尬無關。她也許這樣想。

※

如果梁山伯——

如果祝英台真有一個妹妹，即使長得不太似英台，我想，梁山伯也一定滿懷高興便迎娶過去，從此舉案齊眉，偶然親家上頭探探祝賢弟，沒事人一樣。一定搞不成悲劇。

而眾多愛情悲劇角色當中，梁山伯可說是虧蝕得最厲害的一個。未曾真箇已斷魂。

他一直把英台當弟弟辦，別無歪念，甚至英台在相送時按不住性子露了馬腳，他也絲毫不覺，可以相信，他以往對英台的關懷只為了手足之義，對英台多看一眼也只為了愛美。

同樣的經驗，同樣的記憶，怎麼明白了是個女的，且又心儀於他，便忽然變了質？或者連梁山伯也弄不清楚，過去是怎麼看待祝英台的。到英台表露心跡，他也順帶看清了自己。原來我也是的。

否則梁祝連好好坐下來心知肚明談情的機會都沒有，便活活相思而死，未免小題大做。想是不甘的原因：梁山伯吐血時還在想，明明可以到手，明明已經相好了一段日子，只恨當時卻惘然。

算起來，如果梁山伯自始至終也不知道祝是個女的，大概便沒有甚麼遺憾。他會如常娶妻，然後對她說，從前有個祝賢弟，同窗數載，感情非常要好。知道了又得不到，自然心癢，才覺得重要，搞得生生死死那麼轟烈，否則，無知無覺便又一世。※

聽了看了種種，應該怎樣去愛呢？

歌詞說：「在這一刻給你奉上，一顆不減愛心。」總是過於輕易簡單幸福。

歌詞又說：「你所喜歡的黑髮，我於哭泣中將它狠狠割斷。」總沒有這麼沉痛恐怖決絕。

席慕容說：「那樣多的事情都已發生，那樣多的夜晚都已過去，而今宵只有月色，只有月色能如當初一樣美麗……我只想如何才能將此刻繡起，繡出一張綿綿密密的畫頁，繡進我們兩人的心中，一針有一針的悲傷，與疼痛。」總是過於美麗，令人忘記了分手後再見的尷尬神情，而且從沒有過刺繡的經驗。

穆旦說：「你底眼睛看見這一場火災，你看不見我，雖然我為你點燃，唉，那燒著的不過是成熟的年代，你底，我底。我們相隔如重山。」總沒有這樣理智，看得這樣透徹早不能愛上戀愛這玩意。

戀愛有時很簡單，只是電話街道吃飯地點公司門前。有時卻很複雜，當我意識應該怎樣去愛，是林振強是席慕容還是穆旦？甚至懷疑，愛的是感覺還是人。※

血字—

文字有一種原始魔力——看報，不須用心細讀，未經腦部分析，僅憑眼睛一瞥，便先捕捉了某些標題的味道。

我對那些自殺的新聞標題便最敏感了。只要是墮樓、上吊、割脈之類字眼，但覺筆劃組合分外恐怖，看久了，像是感情異物；隨手把報紙攤放在一個不顯眼的角落吧，那幾隻字都像些怪眼，趁不經意時盯著我。

特別是用這些報紙包廢物。快要裹起來扔掉了，卻在千鈞一髮間，那紅衣少女上吊、腦漿塗地的墮樓人之類，讓我看見了，我被它窺見了。

特別是些套紅套得慘烈的報章。那紅底反白或瘀紅的「死」、「亡」、「殺」字，配上泛黃的紙色，化身成含蓄的符咒，咯出一攤鮮血。看著，總覺眼睛被那標題牽繫，難以脫身。於是，想起找替身的傳聞，於是幻想和那死者扯上關係。會不會看得太久，視線便搭成一道橋，給它爬出來呢？而晚上大多是一個人度過的，而看報大多是選擇深夜臨睡前的，血字於是展開活動。※

別人父親

在街上碰到一個男人，三四五十歲吧——大家要知道，年紀這負累，主要看自己，有些人三十歲已經可以變得可怕；至於四十歲或五十，已經無爭執計較的價值，都差不多了。

男人在我面前，我在他背後，大家中途行走著，他忽然急煞掣，來個老虎跳，跌跌撞撞，腳法竟有著孩童的活潑精彩，不知是否念及令人忘形如孩童的快事？我加快幾步超越他，看著他的面目。

可惜這動作和他面部的神情並不相稱，而且也辜負了他身上大好質地的夢特嬌，不過我想，這男子一身佬氣，必定是別人的父親了。做他的孩子真幸福，可以有一個忽然像上了身的父親。這是真心話。

然後我努力想著我認識的一些父親，印象都非常稀薄，證明也並非十分八卦。不過有一個印象比較深，而且令人感動。人已經四十歲，卻喜歡吃雪糕。二者雖無甚關聯，但大多數堅持吃煙不吃雪糕，飲茶不飲汽水，吃客家菜不吃自助餐，以維持形象。如今五十那批父親特別如此。所以此人能吃雪糕，已屬難得。那夜寒風陣雨，我在他們家，他竟然興致到又要吃了，要兒子去買，兒子幸福得很，用慣練的神情拒絕，這個癮起的父親惟有親自冒雨買回來，冬天有雨的晚上吃雪糕。他又常常挑惹兒子和他下象棋，並且不時為舉手欲回的問題爭執。

像這類和孩子對招的父親，本來不算罕見。年紀較輕一批，受過一些教育方法的教育，都會實施執行和下一代埋堆這一套。但這父親的稚氣卻全發自性格氣質，單方交手背後並沒有機心。雖然他穿的也是夢特嬌，也不大重要了。※

別人的墓

小學時掃墓的心情，早已忘記了，究竟是忘記了，還是當時根本沒有掃墓，抑或太年幼了，根本沒有心情呢？彷彿到中學才開始有這回事。

那是十幾位先人合住的墳，一個大圓拱形，盤佔一段山坡。從前只感到那是一些刻了陌生人姓名的碑罷了，沿路的景色和拜祭的食物才是清明的主題。後來唸了些唐詩宋詞，清明又變成濕潤幽深的一頁線裝風景了。祭奠時或者想著：這溫暖的鐵觀音滲到墳土內是何模樣呢這類問題。

而今年甚麼都不會想，十時正出發十一時到達墳前，一簇簇香的插。只聽母親和嫂嫂努力辨認著碑上的名字，誰是誰的父親母親。那麼我是他們兒子的兒子的兒子吧。母親說趁現在還有印象，得趕緊銘記並且教予我們，否則將來誰來告訴我們的子孫？特別是我們這龐大複雜的祖先世系表。

將來這列墓一定會繼續擴張，拜祭的人越發認不得那麼多陌生人了。父親今年因為年老力氣不繼上不了山，將來便會由我們代他拜祭，然後……將來，在這世界上，連我們也變成沒有親人沒有朋友的人。只默默接受別人的子孫莫名其妙地祭祠，甚麼都不會想。※

現在不如讓我們煮一壺茶，撥一把蒲扇，講些鬼故事，好嗎？

好，只是聽只是講，無傷大雅。

凡事一搭上關係有了瓜葛便不好了。故我決定即使遇見鬼物也詐裝不知，暗自溜開。如果驚形於色，豈不是有機會對話？是不知來由的傳聞：夜路上背後有人叫你的名字，別應。一開聲，便算是搭上了，人和鬼便有了通路吧？

僅僅做一個觀眾永遠都幸福，只隔岸觀火。就算遇上了，驚嚇一餐，便一刀兩斷。

以下兩個版本的傳聞，你說哪一個較恐怖？

（一）夜宿於酒店房內，忽然為怪異聲響吵醒，乍見掛在牆壁上三尖八角的超現實派人像雕塑，全部活生生地走到地上，半人形的物體圍攏牀前。

（二）夜宿於酒店房內，忽然為怪異聲響吵醒，乍見早已亡故的親友都聚在跟前，招手、微笑，一片久別重逢的親切。

以影像效果而論，當然是第一個版本較勝，但那不過是用眼睛來跟異物接觸，這場搏鬥掙扎，人是人，鬼是鬼，驚嚇出來的汗水還完全疊在自己的皮膚外面。第二個呢？假設那些故親亡友都是真的回來重聚，動員這樣龐大，顯然不是好兆頭。這回再不是一個袖手旁觀的現象了，如果親友們的影像都是虛假的呢？那作祟之物更加可怕，他們早洞悉你的底細，特意度身訂造這批影像切合你，而不是剛巧路過現身給你這旅人看見而已。你不能再關在屬於自己的殼內抗戰，他們深入腦髓，無處逃避，這可能有後話，因為，大家結上了關係。

現在不如講些鬼故事……

不好。殯儀館內有一班人圍在一起，點一枝蠟燭，講鬼故事，說著，蠟燭便忽然滅了。一片黑色之中，有聲音說：「不過說說吧，有怪莫怪。」蠟燭的火頭才又旺盛起來。可見這些東西無時無刻都在窺視我們的舉動，一開口一回頭一招手，便是在兩道殊途的交界搭上橋樑。

還是讓我們詐作不知，繼續自己的活動好，讓他們在他們的空間窺伺，大家縱然是無形的覆疊，但別用挑釁冒犯的說話戳破。還是別說鬼故事了。※

夜涼覆水──

夜裡四五點鐘，快天亮了，做大事太趕忙，最好看電視。總是粵語長片，扭開便看見要結局的形勢，但粵語長片就有這好處，不怕錯過多少前因後果，不愁理解問題，充滿保證。

這晚鳳凰女又是做惡人，因做盡壞事，丈夫誓不諒解，且有心留難，要她覆水能一一收回不漏一滴才許她回頭。

真令人驚訝，粵語片也有這份絕情，最後鳳凰女自縊死了，因她給水濺得滿身都是，最難收拾的莫如水？這類古老的教訓，在說了大堆話之後忽然靜下來難以平衡時最易感受。

說了太多惡話有了微不足道的摩擦，不便解釋，怕欲蓋彌彰，不如由水一湧而過，免得衣履盡濕下不了台。說太多心事也不好，將來反目或疏遠時便有把柄留在外頭，從此再沒有安全感。

覆水是最令人手足無措的比喻，像魚缸忽然漏水，即使事後修補了，也淹了一地濕。每個人知道沒有回頭路自然不安。像漸漸褪色轉白的天空，總帶著晚上的倦容。※

L洋名Philip，我們順勢叫他肥佬，而他也確曾肥胖過。肥胖的人表達兇相比瘦人多些麻煩，所以L平日是頗為溫和的。他本來要吃家鄉雞，你要潮州菜，他說，也好。你後來要意大利餐，他說也好。甚至不如上他家吃，也好。整天也好也好，有時不免令人懷疑其實甚麼都不太好，大家相處之間缺少摩擦，不夠轟烈。

誰知，L這個曾經肥胖的人，竟然是和我吵架得最熟練的搭子。坐下來談得入題便交手。他負責挑釁，我負責動怒。他說五輪真弓老了，安全地帶旋律舊了，〈傻女〉不那麼動聽，我便死力維護。他見我分辯得急切更加越罵越樂，越發不講理由。最初和他吵起來只為堅持立場，且多少也帶點鬧笑成分；不過每次都因為過分投入，居然便看著他的面目可憎起來，暗自冒了點真火，到大家倦了合上口，才慢慢熄滅，想到他其實故意把事情說得過了分來撩怒我取樂。

有一次我們爭吵的話題較為認真：「誰的工作最辛苦承受最多壓力。」而且還是三國戰，我和第三者聯手轟他的工作，薪酬厚得壓死人，還有甚麼資格埋怨？說得他一臉灰，要走了。

我和第三者坐在霎時間空蕩平靜的廳內，才不覺說起公道話來，L，其實是很辛苦的，即時傳譯，每朝醒來心脈便開始暴跳至下班……簡直來不及關懷體貼的樣子，吵鬧時口頭所講的是一回事，內裡總又另有別情，我們知道，他也會知道的。

他真的知道我們知道。原來，這龐大高壯的L，一個大男人居然走了又折回頭，留在門外蹲著身偷聽我們講爭吵過後的真心體己話。他甚麼都聽到了，雖然老早已經心知肚明。

那我們為甚麼還要爭吵？如果有機會看見對方吵過一個段落之後，因為虛耗大量氣力和口沫，乘勢轉身躲入廚房倒杯開水補充那張嘴臉，也許就覺得他也不是那麼可惡，飲得過急還噴得一鼻子水呢。

本來全心全力吵吵便最好，面紅耳熱但心頭溫暖，畢竟隨便吵得起一場架的人並不太多。不夠了解，怕動了真火留案底，太了解又往往缺乏神秘感，提不起勁。現在連L都揭了底牌，還吵甚麼？

和L見面疏了便發覺他著實比以前消瘦，已經稱不上肥佬。有次在置地門前約見，或者因為久別，面龐竟變得尖削，他還上前拍拍我的肩頭：點呀你？

想不到在他消瘦時才變得真正溫柔。然後我們便上路，他高大的身影走在前頭，慢慢就像每一個從置地廣場走出來的人一樣。我趕忙加快幾步，不是怕失散，只是想問他，我

們還會好好坐下來吵一吵麼？有一天如果我們老了不再吵了，我真的希望那純粹因為牙齒落盡氣力衰退的緣故，別無其他。※

看風水的說，最好不要擺放太多櫈。說時眼神閃爍，語氣陰寒。

似有幽幽的玄理在背後，於是追問。大概是犯煞吧。然而風水先生只搖頭說，不，櫈子太多，都空著，便不好看，也是一種浪費。那情形便等如只吃一碗飯便夠飽了，你卻多煮兩碗，單單放在一旁佔著地方，豈非浪費？

我見他的比喻頗為吃力，便不再追問，但這屋內眾多的櫈，是上一手住客留下的，丟棄了更浪費。誰知一張張空櫈坐在四周，真是不太好。特別是幾張都同出自一個系列一個款式一個顏色。排列著便應該有坐滿了人的責任和傾向。

每日每夜我坐在其中一張，間中窺看其他空置了的，總覺得有人坐在那裡，因為櫈是一個模樣的，大家平起平坐，同一高度的視線，對望或對談。

如果空置的不是這些模樣的摺椅，而是梳化式或矮櫈仔，我想，情形一定改變，大些或小些，道不同，各不相干。何況，如今是摺椅，平常理應收摺好，有人才攤放出來。但，我一個人雖然吃兩碗飯，卻喜歡看著很多人吃很多的飯，誰知會有飯無人。※

近況

又是近況如何？單刀直入地問——其實是迂迴的公式說話。不見了幾年的這樣問，不見了幾天的這樣問。

幸而學曉分類作答。因人而把近況分批出售。

此人一別經年，他知道些甚麼，他對我的認識到了哪個地步，我這樣說，他有頭緒麼。還好他懂得點頭，這方面可以發展下去。此人，和他的共同嗜好只是打招呼。哦，他問我，只宜一味說大路的，最近做甚麼工，家住哪裡。

此人，從不問我近況。於是我的近況，在他面前變得非常瑣屑。最近我拍蚊子的技術又大進一籌，聲音清亮，出手必染紅。最近愛喝豆漿，有營養，成年人所能吸收的奶質有限。前晚去看午夜場，很久沒看這類級數的劣片了。

就是這樣，我喜歡一些聽我說瑣碎話的豬朋狗友，他們知道我昨夜的閒事。每逢有誰見面便自覺談起大事的，心中都一陣發毛，畢竟，大家拿著杯大談遙遠的人生，總不是好兆頭。遙遠的朋友，一相見，話題落在古老的日子，或，茫茫不見邊際的哲理中。※

雨天一件小事——

這原不是值得記述的事，然而我還是寫了。

八八年三月廿二日是個下雨天，醒來手腳空氣甚至被單，盡是一片濡濕模樣，我居然這樣愛潔淨，去洗澡。然後肚子餓了。

一個家庭主婦，通常會在這個時份張羅她們一家人的飲食問題，如果是一個人呢？往往到街中解決算了，一個人的飯不好煮，麻煩又不經濟。而我不是家庭主婦，居然肯為一個人的肚張羅。因為心理上覺著空閒，便到街市買餸去。

這原不是值得驚奇的事。如果我們肯為一個人獨處的時份多花一點額外的精力心思，一定會活得更加快樂。一個人去看的電影，還是那齣電影，不因此而難看點；一個人上餐店的路，還是那條路，也並不因此而長而短。怎麼總得要有個相熟的面孔對著才可以下嚥？

所以我為自己買最好吃的菜，花一個小時炮製，並不稀奇。即使撐著傘，在骯髒的市場路面踐踏，任黑水滲進腳內，也是理所當然的。誰不想吃得好？

黃鱔二十四元一斤，買半斤。芥蘭五元一斤，要三元。牛肉要五元，還有甚麼呢？合共剛巧二十元整，又是豐富的一餐了。

AE信用卡電視廣告那遊客病了打電話求救。噢。病了即時有醫生，問題便解決了。運通會員就有這福利。而我有二十元，便買到一餐飽滿。

用鹽抹去鱔上的潺，再用滾水拖，加燒酒糖豆粉薑蒜頭醃。不是主婦，沒有一家幾口等著吃，在一個天陰多雨的下午，我仍然這樣做，雖然比較奇怪，原也是不值得記述的一筆。※

指痕一

幾乎所有鬼故事都需要一枝蠟燭、一點陰風來增加魅力，或者，其實是說故事的人要藉這些來渲染氣氛，他們總愛把月說成圓月，把夜說成黑夜，風是陰風，雨是秋雨。

而誰知道，我需要或懼怕的只是五道指痕呢。

聽了一夜怪譚，就只這肉感的印象最令人震慄。

有的士司機載一老者飛馳入清水灣，抵埗時老者竟提出怪異要求：給雙倍回程車資，請空車回九龍市區，切勿中途載客為要。司機見有利無害，一口應承。回程途中天色轉暗，忽有一婦截車，司機急煞掣，猶豫間婦人正舉手開門，轉念及老者吩咐，遂急忙踩油，絕塵時從倒後鏡看見婦人悻悻然面貌。車至市區的士總站，司機下車，同行一擁而上，問，幹甚麼，參加賽車回來？

一看，原來車身自開門手掣處至車尾給刮下五道深痕，漆身盡脫。哪裡來這道猛力，眾人以為這是碰撞拖拉的緣故，只有司機最明白，這是五隻手指爪下的痕跡。或者說，只有那老者最清楚，那段時辰那段路程，有那些事物會出沒。

如果有一天我截停了一部有五道指痕的的士……※

第六章

感動

感動只是一壺茶，比閒日習慣了的份量加多一點，或減少一點，
便連乾結已久的一切都溶瀉出來。

甚麼—

眼前這愚魯女子問，為甚麼阿城要這樣寫呢：「我忽然想起了甚麼。」「轉身之際覺著了有點甚麼。」為甚麼只說甚麼，連這一點點都要遮瞞，不直說出來。到底是甚麼？我忽然也想起了一點甚麼。再一次睜開雙眼，所有活過的感覺又悄悄回來，笑過哭過、付出過、都過去而未逝去，都還留在心頭不會遺落。語言已不夠使用。原來是陳克華的詞。知道是甚麼，但可以說甚麼？

女子又問，是不是故意隱瞞不說以成就風格？言有盡而意無窮，意在言外，含蓄藉藉⋯⋯啊，這是哪一個笨拙機心小道的批評家說的話？還有那教人用六個W來讀詩的人。教導我們追問甚麼是甚麼，一切都是故意，安排得清晰或者朦朧，當然所謂寫作也是很機心作假的行為，鍛煉學習怎樣給甚麼找註腳。有時設計了答案，然後搔首弄姿誘惑人探究甚麼。有時沒有甚麼卻發掘甚麼。

劃根火柴，在你看不見自己的時候。點枝香煙，看它能支持多久的寂寞。斟一壺茶，在被遺忘的人生角落。須要抓住一些甚麼，證實語言和文字的分別。「無聲勝有聲」，總是在說過無數次，總是在需要有聲的時候，才感覺到這句話的一點甚麼⋯⋯※

看掌

占卜運程命理種種玩意，無傷大雅的情況下不妨試試。伸出手掌給半懂的人簡略地推測些基本人生概況，生命事業智慧，由於測得太空泛了，長壽短壽，飛黃騰達或命途多舛都只略分等級，變成人人都差不了多少。

你看我的掌，我看你的掌，誰也說不出誰會在一九XX或四十X死亡，還可以做多少年人，壽命長短於此嬉戲下只是遙遠不著邊際的概念。何況大家的興趣，一般大多集中於將來配偶的樣貌，心事多寡等小節上。誰也不曾因自己的拇指摺不出一隻鳳眼而要娶一個貌醜的女子——每個人都想，太醜可以堅持拒絕，萬一真順了天命，此女子也一定有過人之處。至於心事，其實是每個人的天賦，但有些人特別善於小事化大，而據說一張掌紋就是每個人胡思亂想的紋路，花雜斑駁的網便代表這個人想得太多。

可惜這玩意越準確越無謂，自己心事自己心知肚明，自苦或樂天，不須憑掌認命，這是個無須認真的消遣。※

有些話在餐廳面對面說，效率更高。所以我們習慣在繁忙的時刻，手腳急不及待，邊動作邊說：見到面食飯先至講。然後在悠閒的餐廳，終於對座著好好的講。有關文件可以四目交投一齊看清楚，這裡那裡手指一指便是了，有甚麼表情，三口六面一看便知，好歹得個明白。

有良好正當的話題最好採用這種方法。至於閒話，在餐廳秉燭也很受用。別以為公眾場所講私己話不好，便移師家居，沖壺好茶便找個角落閒坐著，會說得更加入味。其實這是個錯覺。

既然是閒話，可有可無，人在家中，手腳亂放，目光亂射的機會太多，隨便吃個蘋果，看一齣鬧劇，抓本書揭揭，洗洗手，可以選擇的活動太多了，為甚麼一定要倔促一隅談心？而且挨一會牀聽一回歌未必表示待會兒不傾不談呀，大家總以為稍後便會好好談一談，誰知？

而餐廳的好處是兩個人就此對座，吃飽以後，不說話只面面相覷便不好過了，因而話是不斷催生，別無退路。我們只在飯前飯後的當兒勇起來，熱烈起來。※

座右銘

V君送給我一個木牌，架起來便是個座右銘。上書：生日快樂，莫相忘。

真是難得，設計這牌的人。在別人生日裡還不忘注入哲理，而哲理不是不好，也不是要故作真哲人急於鄙視假哲理。這些箴言沒有甚麼真假，因人而定。好像買六合彩買馬，隨便撞中一個有緣人，即使信口道來，如：愛是不可永久的。有心人自會把它越看越深，感動到不能自拔。

而我懼怕這些哲理的原因，只是因為容易聯想起它們給大量印在書籤上的廉宜相。這些話本來用自己的生活慢慢磨出來，再或留給報章專欄寫稿配方才好，但如今被大批大批翻印，散佈人間，越發提醒我們誰都可以說可以擁有，不是矜貴的靈丹。事情發展到最後，大家也許只貪圖這些書籤或座右銘的字體印得漂亮好看，不大介意上面寫的是甚麼。

例如送我「莫相忘」這三個字的V，大概想不到「相」字的諷刺性。他以為向我說：請你不要忘記我這個人。其實在向我剖白慘痛：不要忘了我，希望我自己也不會忘了你。他以為這只是一塊包裝得很精緻的木牌。※

破蓋——

我摔破了茶壺的蓋。這茶壺是李和幾個朋友合送的。要合送，自然是貴重的。

事發在早晨，吃了藥，手腳遲鈍，蓋一鬆手，便墮地了，我知道如果用手掌稍為擋上一記，是可以避免破碎的。也許是反應慢了，也許，其實，我老有這奇怪的念頭：不會碎的。就像那跳傘八百次又因忘了開傘身亡的人。而壺蓋居然真的碎了。

雖然不是李一個人送，但我只想著怎樣向他交代。我一屋子都是他送的杯，但常懶於清洗而用不了，他便半笑著嘲諷來表示不滿。現在連壺蓋都不在了，茶卻得繼續喝。

沒有蓋的壺，水蒸氣撲面上升，一時連眼都熱了濕了忘記原來隔著眼鏡片。我急忙取出一隻本來隨壺附送配備的蓋，但色澤質地都不太配合原壺。

壺蓋的碎片，在驚嚇過後平靜下來，便慢慢在地面撿拾，碎得不厲害。我全都放進一隻李送予的杯內，待買得一種耐熱耐碰的膠水，便再度黏合，然後，放進雪櫃，大概，因為害怕一個不留神讓他看見。

我想偷偷補好，彷彿從沒有裂痕和冷凍。※

夜和我鬥夜，稿紙又和我鬥長力，這時候我便想起茶了。

以前寫過不少有關茶的東西，都是迷戀於這個字這杯濃水的色相，便諸多感想聯想，意圖從中挖掘些超遠的意義，於是茶，越沖越神秘深不可測。

其中一篇訴菊普：「普洱太苦澀了，凡人都樂於加添一些浮面的安慰物……要在茹苦前沾香，因香見苦……」以為很有哲理。

有一首寫對飲的：「如果杯中的面容／浮著過早的悔倦／波浪似的皺紋／那也只因為茶色太濃／鏡裡映現更苦的真實。」以為很有深情。

還有很多類似的杯弓蛇影式敏銳，然而都是幻覺罷了。我幾曾和人對飲，幾曾看見在「杯中／蕩著／似是我的／你的臉孔」，主客浮一大白的模樣？

在這枯涸焦灼的夜，一倒下去便又是無邊荒涼無限荒廢的睡眠了。茶不再是茶，肉體需要它的時候，我便忘了茶的筆劃，它只是一杯吊命的濃水，是鴉片。我選了最刺激的一款，泡老一點，儘管還是一樣深沉。它只是興奮劑。色即是空。※

記事簿

年尾年頭交替的幾個月，總有不少紙張、印工和油墨浪費了。每次路過百貨公司商場商店書局書店，看見漫無節制地攤放著的日記簿，我便會這樣想。

其實不是我疏懶和取巧，把日記都寫在報紙上，把瑣事大事都記在心上，用不上日記簿平白給遺棄在暗角，落在時間歲月之後，都喪失了作用。

單說那些買回家中的日月星期，我們有多少本填滿了的記事簿呢？

最密麻麻的都是一月。一年最奮勇的便是這段時間了，而我逐漸疏落彷彿往後的日子盡是一片空白，沒有要事連值得記下幾行字的都沒有。每年，衰老無疾而終。

或者並非純粹因為惰性，只是日記簿的出版人目標訂得太高時間分得太仔細吧。包裝比較堂皇的連每日每小時甚麼要做的都鼓勵我們列出來。

這，未免令凡人氣短。

如果我是每天在生產軌上拿起再放下一點甚麼的人，我只知分鐘星期，而不知有早午，被迫浪費了許多未來大計的空間。※

偶遇——

有次在地鐵車廂內遇著舊友，大家照例循例咁啱一番。因為曾經非常要好，在繁忙時間擠擁人潮相遇，便覺得真是有緣了。三數分鐘便開出一班車，一班車又有那麼多車卡，由車頭到車尾，而我們居然碰上了，這不是緣分麼。

另一次，在尖沙嘴找免費電話，極目所見便只得那一間餐店最方便了，剛拿起電話筒，便見一個相識的人等在後面，但平日面對面好好談談的機會和興致都不多，在這狼狽的關頭，又往哪裡找到話頭呢？打完電話便各自散去了。這個人，也許連在閒時也不曾記起過他，如果不是在街上碰上了，或者便永遠不會相見了。所以現在遇見了也不覺得是怎麼一回事。而且，一邊想著，在尖沙嘴這缺乏免費電話的地帶，大家都在找，苦海中就只得那明燈了，碰上又有甚麼稀奇？相遇並非偶然，大抵就因為沒有帶來驚喜，沒有看見想見的人。

偶然碰到親近的人，總感到四周街道樓房是一道佈景，街燈便是舞台上的射燈，一套天意命定的劇本就此演出。多一分偶然，便多一分情調，世界也安排我們的相遇。※

堅持

對於清明節，父親一向有很多個堅持。

堅持在清明節正日拜祭，交通擠塞也在所不惜。堅持舉家上下老幼務必參予。堅持每年包一部十四座運送，以免左兜右轉，延誤了吉時上香。

總之清明是個最重要的節日，有一年我因為趁復活假上大陸旅遊，便令他非常難過云。然而，今年清明，父親竟然沒有在祖墳前拜祭。

因為我們的祖墳位於荒蕪的半山，每年都得走一段歪斜的碎石徑才到得墓地。近這幾年，父親腳力已經不繼，走平地也得緩緩蠕進，更何況是山路？雖然有左右小心摻扶，卻也一年比一年艱難。不過，父親還是堅持下去，山不能不拜，祖宗不能忘。就這樣，每年拜祭所花的時間便越發拉長了。

直至今年，只攀行幾分鐘，便不能再有寸進。父親站在山腳，汗不斷流下來，舉頭看著山腰的墳頭，竟然可望而不可即。

最後父親只得留在車上，作遙祭的手勢。他終於不能親自在墳前上香了，是這把年紀，惟有寄望，很多很多年後，我們和我們的子孫會在清明節，堅持他現在不得不放棄的習慣。

※

畢竟是人——

某人在最近順遂的日子裡，漸漸好像忘形了，起碼身旁的人都這樣說。這時節，我忽然很能從人的角度出發，替某人解釋原因，體諒心情。甲罵某人得意忘形，自以為很掂嗎？一定是家中鏡子欠奉。

然而我很平靜地的說，不，他一定常常照鏡，要對鏡看自己易，可惜鏡只是假像，而且是自己看自己，要跳出來從別人的眼看自己才難。解釋得真是理性。數日後和乙丙敘舊，自少不了近況：某人怎樣薄待我，我怎樣盡心力鞠躬盡瘁為他寫寫寫，但他竟輕易淡忘，壓制感激，還暗起異心。

正理直氣壯時，乙說，別說得自己這樣偉大，傾盡心力還不是寫字創作，自己聲譽有關，最終只是一場個人奮戰。丙說，畢竟是人呀，總是為自己說話從自己出發。乙說，正由於是人，還有甚高要求呢！某人過分感激你無異分薄自己功勞，這是一個人的原始機制。

這兩個人一唱一和，澆熄我訴苦的興頭，也令我非常冷和靜，畢竟是人。※

麻將枱上糊出鋪清一色，為了表示高興，我們自然呵呵呵，「一上手便十隻」，或者：「原先不那麼多，後來越摸越順」等等等。

如果是一套戲，看完了，本應甚麼也完了——如果一個人看，就在我們站立、伸個懶腰、混入人叢離去的時候，戲便應該完了。如果不是影評人，真的，誰要你發言、立論、判定一齣戲的好壞？有甚麼感想又何干？沒有便沒有，說不上來便不說。誰知我們還是找個伴去看戲的時候多，往往，看完了，便第一時間說一兩句感受，說不出也得說，這時惟有依靠直覺，好啊，不好啊，比某齣還好啊。

有位胡姓男子，因為要在報章上要寫點東西的關係，所需的感言也就比常人為多。這個人我自以為已經頗了解他，有時候卻又忽然覺得陌生莫名，特別是看他在報上的專欄。有些戲和他一同去看，散場後他明明說好，偶然還會加強語氣說很久也沒有看過這樣一齣好戲了。

誰知這些短暫的好評只掛在他口頭上幾天，幾天後報上出現的評論，竟又變得苛刻起來，感覺都作不得準，思想過濾以後，白紙黑字的才是認真。這時便想起戲的種種遺漏，簡直千瘡百孔，不值得感動驚歎。又或者，是因為隨口讚讚太輕易，往後要寫出來，又不那麼情願，同時，挑剔批判又比較容易表現自己，於是筆便越發硬了。是不是這樣？其實我也不十分了解，我也是個觀眾，原先甚麼都不用想，散場後多心想下去，越想便越心寒。

如果是人呢？原先盡是有情人，後來盡成了無情者。※

感動

有些場面是特別有助於製造情緒感動的。看完一齣愛心、愛國、愛情片，和或男或女的同伴坐下來討論，然後發覺大家意趣相投，接著，一個天南地北的晚上。或者，簡單點，兩個人同分一格窗口看街景，即使沉默，也好像隨窗外掠過的車和空氣而交流。又或者，你有喜事（懷孕除外），某人比你更雀躍，主動將之發揚。但這類感動經驗大有發展成為戀情的可疑。而戀愛總是可疑可惡可帶侵略性的。更可恨是，總是有機的感動。我喜歡偶然的觸動。剛想找個伴吃飯，便有電話來約，另附送熱情的聲音。要人幫忙，口舌上千迴百轉不敢直言，怕他以太極婉拒，他卻空手入白刃，自動上釣，肩起重責。小圈子有活動，總是先被邀約，有被重視的喜悅。也不用這麼複雜了，即使沖得一杯好茶，那茶葉的份量恰可，那水的溫度剛巧，比平常多一分茶味。或茉莉和或普洱甘或龍井涼，已經足夠。

感動只是一壺茶，比閒日習慣了的份量加多一點，或減少一點，便連乾結已久的一切都溶瀉出來。甚至，在冷落關頭，可以親自動手泡製一壺好茶給自己。※

新嫦娥傳

嫦娥真是一個幸運的女人。

莫以為她飛上月球，不勝寒地思鄉，便有資格成為怨婦。一個女人反正大都寂寞以終老。嫦娥以未必一定出眾的姿色，以不怎樣可信的飛天神話，便贏得見報率甚高的節日，還怨甚？

有些甚具內涵，意義重大的節日也未必享有如中秋節的地位。例如教師節、植樹節、雙十節，一一眼紅地看著嫦娥的風光。節日也講究經濟價值。植樹節沒甚麼特殊的傳統禮儀、經典的食品，自然沒有過節的感覺。而中秋，不過是月亮最圓的一夜，肉眼又如何分辨出九月十五和八月十五的差別呢？給商人傳媒大肆宣傳無非因為月餅。

奇怪為甚麼電視不動動她的腦筋？歡樂今宵可以拍齣嫦娥傳，保證比寶蓮燈淒艷。亞視可以搞武俠嫦娥，加些特技，那不老藥原來是秘方配製，服後輕功大有進境，施展天外飛仙。搞電影，啊，那飛天的鏡頭一不留神，八卦雜誌又有走光照片可登，而演員和導演又鬧出不快……總之滿城風雨，永不寂寞。看嫦娥多幸運？簡直紅得發紫。※

會後 ——

以前還是學會會社的幹事時，開過很多 AGM、EGM。某次開通宵全民大會，一班人坐在那簡陋的小堂內，櫈都歪放著，人也歪坐著。如今再要追想甚麼，也只是一些故造興致的 follow up 和 comment 而已。還有，我在那些人叢中看了三十多頁《紅樓夢》英譯，因為要捉鬼佬字蚤以交功課。其後又模糊隨大家去飲早茶。就是這樣，回家便睡。

醒來牆壁一片灰黃，以為是會場。忽然某人在我面前說很多很多的話，好像都是廢話，只見他的牙縫裂得很深很闊，我有點厭倦，便本能自衛，一開口便是請你先界定清楚……不如等我澄清一下……正想提出 regret motion 的時候，聲音一啞——醒悟，此人原來是過訪的舊同學。他是黃，不是主席內外務秘書。黃未嘗過甚麼 Exco，未開過 AGM，他根本不是，他是我的中學同學啊。

果然他的牙縫裂得更闊的樣子，想向我分辯。我自知選錯了表意符號。連忙伸手拍他的膊頭，洗個臉，梳好頭髮，戴回眼鏡，採用另一套我們襲用的語言。

這陣子忙些甚麼呢？依然在咧著嘴，原來在微笑。※

溫柔的粗口一

澳門碼頭有一男一女當街吵罵。

沒有圍觀的好事者，因為那裡是的士站，連綿蠕動的一條人龍，人人向前看，誰肯抽身特別觀賞呢？且男女子吵得窮兇極惡，看牢了，怕要上身。

聽聽倒是可以而且被迫的，因那女子操得一口利落粗口，流洩得一街都是。我，就在他們前面，背後的內容聽得分明，想，沒來由又有人送題材上門了。可惜誰可以將之鋪寫成一篇小說？

女子一整天盡是關注男子的母親，毫不避同性之嫌。男子亦起勁慰解女子母親，又不嫌老邁，想還未會是他岳母吧。

女子有時關注得倦了，一時口疏，便自露了些內情。魚蛋檔都好去？一個又一個，個個都畀我知道。以前我唔係咁樣又唔見你去？

男子有時不慰解女子母親了，又把注意力放回她身上。得你咁好氣？尋晚成晚冇瞓都咁好氣。兜街數臭自己都有？人哋當你傻婆咁睇咋，都唔係嚟賭錢嘅。

又是一個愛情故事。女子定然在船上蕩得心事難平，一時湧動著喉頭便勇敢罵起來，也顧不得面子了。男的心下有愧，不加辯護，把注意力轉到女子儀態身上——其實都是好意吧。

善於辨別粗口語氣的，當可聽出男子語音並無特別惡毒成分，反而是求諒解息事寧人的多。而且二人表達能力又差，答非所問，針針不見血，惟有藉粗口來表達感情。他的粗口裡面有她才能了解的溫柔，她的粗口又有他才可聽出來的怨慕，默契如流水般湧流。而外人聽來，只像貓貓狗狗的語言，一味的吠或叫。

後來，我忍不住好奇，藉故轉身看他們講粗口時的神情。啊，竟有這麼醜的人。真的，只有他才懂得她的好處，只有她才聽出他的溫柔。※

紙的質地當然很重要。但念及最終出路還是印在報紙易脆易黃的纖維上，便不忍心講究。

以前慣用一種潔白得刺眼的稿紙，套上一格格粉綠色的網，因那顏色，很自覺寫的是稿，公式的產物，毫不矜貴。

後來換上一種上海出品的薄身半透明灰格稿紙，交稿時像把一片片蟬翅送出去，飄著，又有微薄的字籟。更覺那是輕易的永訣。況且，紙旁印著「我的稿紙」，我是誰？重要或不重要，毋勞這四個多餘字標榜。在日本公司碰上些綺麗的稿紙。嬰兒嫩膚上，鋪展淡黃的紋路。東洋的綺麗——不是有套電影叫《唐朝綺麗男》嗎？唐朝和日本的血緣延續至今。兩種美麗竟會如此脆薄地契合。當然，都不忍心用了。不是怕糟蹋，怕想起淡黃的唐朝的綺麗，得延續今日東洋的精細裡。

另有一種傳統長身信紙，直線，外圍一粗一幼文武線，像濕了很久而如今乾結了的淡藍墨水印。又有事務用箋及縱橫五十枚字樣。

可恨的文字結合線條佈局，把中國的美感移植又凝固在今天的崇光陳列架上。錯誤的美麗。※

蝕本——

有一次打電話到酒樓訂枱，兜頭潑來一陣搶白，姓乜！幾位！幾點！電話！收線後良久，才想起我是顧客，無辜不應受到這般對待，理應當場動怒。如今又攤凍了。然後慢慢懂得悲哀起來，很久沒有憤怒這種習慣了。

通常反應都自動慢了半拍，到猛然醒覺時，大勢已去。於是勉強用寬容大量這美名來安慰自己，也好，有失也有得。

還有，動怒所損真氣甚鉅，所費不菲，會致癌。然而，算起來，我還是蝕的時候多。因為在公事上不懂得發怒以爭取利益，卻常無端在私事上氣得變色。

我常常喜歡忽然對人不理不睬，用面色叫對方知道做了些不應該做的事。

最近便有一個受害者，其實不過是他個人的感情問題，見他處理得不合法度，心痛起來，便在人多場合上對他面黑。誰知他萬分不安心問為甚麼竟忽然對他憎恨而冷淡。

啊，他不知道，冷漠也只因為著緊。而且那晚是除夕，他以為我黑著面陪著眾人漫無聊賴地逛，浸在應分歡樂的氣氛當中，會比他好過麼？大家都是受害者，兩敗俱傷，而且我更無辜，是自己的事，麻木了，不會動氣；別人的事，反而勞心勞力，自甘幹這虧本生意。※

你愛你的兒子的兒子的兒子的兒子嗎？

愛的，理論上是你的骨肉，愛是本分。那麼你兒子們的兒子們的姪兒們的姪兒們呢？愛的，說得動聽點都是血脈相連，愛是本分。

可惜我們只是凡人，愛心不能無故蔓延得太遠，用情於左右的甲乙丙丁之間，已經覺得支絀煩擾了，還用說曾子孫輩遙遠的名字面孔，複雜的旁枝。如果屆時我們居然還活著，他們又餓了，一定會仁慈賜給他們恩典，給他魚和餅吃飽肚，而這就是愛麼？

這正如我們凡人很難明白《聖經》裡頭的愛。太博了，凡人氣短，得到了也不覺得矜貴，有時在禱告中也許還學著怨婦的口氣，說：你愛的就是我麼。是的，但你也愛其他人，無條件愛著億萬古往今來的人。沒有最愛。

沒有最愛，便不是愛了。或者因為在上帝的國度裡並沒有愛情的緣故，祂並不了解被造物的心理鬱結。兩兄弟都有爭寵，不相信父母的愛足夠供應兩個人之用，更何況除了博愛，我們的上帝預先在愛的背後也佈下了恨，遙遠的愛並不易發見，罪和罰卻先自嚐透了。

※

誰信

從當代城市舞蹈團的表演場地出來，已經是午夜了。那裡是黃大仙一間中學的舊址，屈縮在其他蕪雜的建築物旁，但又半高踞於山腳，位置很是尷尬。

F因為他在場刊上寫的話沒有人明白，因此臉色更形疲倦。我們便用疲倦的腳步踏著不斷傾斜的路，像沉淪也像遺世而獨步。到中環，兩旁樓房更像高傲的墓碑了。兩個人走著，又來到余仁生三層高的舊樓。中環的夜是這樣昏暗，而且總帶著極盡繁華後的死氣，浮著屍布的黃色，余仁生藥房內一些行頭還可以窺見。那像一條生產帶的吊軌，在半空中運輸藥單，那些一絲不苟的方形木櫃桶，還有二樓窗內一幅幔布，一盞黃燈在背後逼射著，但總有不能洞穿的無奈。我們在對面路旁駐足，看著這二十年代的遺物。兩側盡是高樓了，惟這藥房孤獨苦撐著歲月的黑影。這時路上沒有流動的車輛，而我們就像在靜止的世界和時間上。

是夜霧重，眼前所見更像是放映出來的佈景。我說，假如有一個警察上前問我們，半夜三更盯住余仁生有甚麼企圖，我們說是在懷舊兼自傷，他會相信嗎？我們都苦笑，相信沒有人相信。※

論文或者日記

大概一年前，找黃碧雲約稿，稿費聽過便算了，她最關心的是寫甚麼，可不可以寫甚麼。

我說開版初期最好多點議論，然後才慢慢乘機混入一些私生活。她便嘆息，那麼不可以寫今天我梳頭洗面了。我說，是的，遲幾個星期才梳頭。她語音一滯，嗯，那又更艱難了。

那時還不太懂得她的艱難處。只是每天發掘，交功課，然後議論，漸漸論乾了，家徒四壁，少不免要把私生活變賣。這時對著空白的稿紙，常常梳頭，把每天要寫滿的空位看作日記——反正常常梳頭才寫日記。而日記也不一定是淺笑喝茶睡覺和說話，有時也講些別人的空話，未必在說自己私人的是非。惟有這樣才更接近一個人的自然狀態。

所以如果天天板起面孔說很多惠及後世，有益學術的論文，每天都是創見，下筆時背負著使命、取向、信息等重大包袱，每天都在雕刻一塊作品，期望揭報紙的人天天剪存推敲研讀，又以此自聊，實在艱難。這種規模的製作，寫的看的都得正襟危坐才成事。※

窺伺——

這時我站在窗前，看窗下走過的人。

傑在昨晚說，下課後便來，我便數算著，下課時間十一時四十分，大概十五分鐘該到了。於是站在窗前。

這個叫桃李園的地方，大廈前是幅寬敞的空地，人向窗外望，看不見馬路，當然也沒有行人路。大廈居民常常在空地上築爐燒烤，享受旁邊的盆栽和頭頂的陽光，或者一個人在沙灘椅上小睡，捧盤長春籐打霧吹風。

不過我在這裡住上了半年，從來沒有這念頭。我是個慣於窺伺的人，坐在這樣一個平台上會給整座大廈無數的窗監視著，欠缺安全感。

但這個陽台有個好處，任何過路的人都可以一目了然，因為沒有馬路，過路人便無須閃縮在簷篷下面了。而且，走在窗下的人，別無去處，一定是上這座大廈的。所以我常常看下面走過的人，回家的，或是探訪的，或者忽然看見一個我認識的呢？

有時看著，看著，覺得這種姿勢真是好，彷彿在期待著某些事情，即使偶然感到一切都不那麼樣，但經過這麼一看，便會變成一段故事了。

一定是這樣的，窗下人如果偶然看見了我，也會想，這俯首觀景的人——

小小的寂寞的城，恰若青石的街道向晚，跫音不響，三月的春帷不揭，你底心是小小的窗扉緊閉。我達達的馬蹄是美麗的錯誤，我不是歸人，是個過客。

他們不可能看見我內心的打算。這單位業主開價，而我壓價，說，對面一幢三十層高新樓快要完工，到時一定連那一小截西環的海景也遮去了，不值這個價。而業主說，這個價，早沒有把海景也算在內。

然後，我想，看海的時候或者也不過在計算著另一些事情，可能還不太快樂，皺著眉，像那些海浪的摺痕。其實，沒有海，還會一樣站在這裡，看其他風景，想別的事情。

然後，傑便在下面走過，他的腳步急密，我預算著坐升降機的時間，然後由窗前走到大門，打開，剛巧便趕上了。

我說：哦，這麼巧。

這樣說，是不是更漂亮更神閒，他忘記問，那我本來是為甚麼打開門的？或者，他其實早想問了，但立刻又明白過來，留在心中竊笑，像我在窗前窺伺別人。※

選擇一

他乘搭地鐵。

幾個人一齊，一個要在金鐘轉車往九龍，一個出金鐘站乘的士。他在金鐘、中環、上環站轉乘巴士都可以。

中環巴士較密，而且由地鐵站步行到巴士站有一段夜色可觀。上環站一片荒蕪，令他很害怕。金鐘站得跨一道吃力的天橋才到巴士站，令人望而生畏。

所以他大多選擇中環。

然而其他人說，我們都在金鐘下車。他便堅毅不拔地應和：我也是。

因為沒有相熟面孔的車廂分外難熬。像沒有坐墊的不銹鋼椅面，失去憑藉左搖右擺。

他聽歌。

電台常常播放那批歌，他都愛聽，但名字卻記不清。

收音機播馬播劇播新聞的時候，他便只能聽來來去去那幾盒錄音帶。這幾十首歌，他熟悉得厭膩了。是從朋友處錄回來的。

朋友喜歡這幾個歌手的歌。

他看戲。

本來沒有想過會看這部戲。主角有一點點喜歡，導演有一點點印象，片種有一點點偏好。

但從來未想過一個人買一張飛去看。

看戲總是大夥人的事。朋友提議去看這部戲，他便看。

散場時他笑得很燦爛。且十分感激這個選擇，他的，或者說，朋友的。※

錯別

人誰無錯？特別是錯別字。但也有級數之別。畢竟，把「畢竟」寫作「不竟」的，除卻識字未深之外，還找得著甚麼藉口？較可以原諒的是把「一語雙關」寫成「相關」，至少也把兩個字胡亂湊合起來，儘管不見得是天作之合。

有些錯別字例如「重覆」，簡直在誘發一段婚外情。「重複」的「複」字著眼於數量。「覆」卻強調動感，如「覆蓋」、「反覆」、「覆印」。生動靈敏，令本來的組合「重複」也日漸不安分。怪不得那麼多人誤以為「重覆」才是正寫。

還有「困擾」，我便常誤作「困繞」，無他，「繞」字縈繞絲絲自縛的意象，把兩個字縛著。「擾」從抽象出發，「繞」纏著實感。

還有把「押寨夫人」寫為「壓寨」，其理正如「今宵壓髻有紫釵用」，「壓歲」、「壓軸」、「壓卷之作」，以示該夫人艷色壓舉族之謂。故特此向眾宿儒申請，把「壓陣」和「壓韻」合法化，非重級選手怎壓得住陣腳，非重點位置亦不勞押韻。

可見，沒有一定的宿緣，又如何成得錯、別？人的結合往往如是，字自也難免。※

因為蟑螂是蟑螂的關係，當我要懂得辨認昆蟲，甚麼顏色的翅膀叫甚麼，甚麼樣的指爪是甚麼時，已經患上了蟑螂恐懼症。

據說這種症狀並無痊癒機會，因為根本找不出病源，小學時讀冰心的溫情文章：為甚麼母親愛子女？不為甚麼，就因為是他們的母親。而我想及這道理的陰暗面，不為甚麼，就因為牠們是蟑螂。

十歲時在露台乘涼，見迎面飛來一隻黑蝴蝶，便伸手去採，牠在我掌內拍翼掙扎，肉體肥大，指爪猛力，覺察到有甚麼不妥時，這物體已從指隙鑽了出來。原來是隻會飛的蟑螂！為甚麼又要讓我知道？如果我將牠當一隻蝴蝶看待，像我採捕時一樣，然後合上眼放走牠，那我的掌心一定還印著一個漂亮的蝴蝶夢，看看，彷彿還有兩三點從翅膀上掉下來的彩粉。怎麼一旦知道是蟑螂，手掌的皮膚便癢得毛孔縮成一粒粒？

十五歲時，在飯桌前把粒粒白飯撥進嘴裡，忽然一隻蟑螂撲進來，嚇得連碗帶飯拋掉，地上一攤白點，那棕黑物體在上面趺趺爬爬，碰著尖硬的瓦片便震動著翅膀，在我吃進口裡的東西上，竟然這樣做。誰知，當我要幹掉牠的時候，才發現原來牠不過是隻甲蟲。不過是只甲蟲，便斷無害怕的道理了，趕快再吃一碗新飯是正經。既然可以給誤會是一隻蟑螂，那樣貌一定也有幾分相似了，為甚麼一旦知道不是蟑螂，本來不敢下嚥的白飯又重新變得安全可口？因為，原來牠不是蟑螂。

如果不說蟑螂，說甲由呢？那必然更可怕了。甲由是我們口頭的稱呼，說著，彷彿會有一隻活生生的在腳底爬著在頭頂飛著。那我又寧願單單在紙上寫著蟑螂蟑螂蟑螂。

二十歲時在紙上寫著思念的名字，一筆筆的力，一劃劃的痛，可怕得像一對蟑螂翼。為甚麼要愛呢？因為她是她，蟑螂是蟑螂。看不著時聽見名字都一陣激動，即使每個人的面貌其實差不了多少，每隻昆蟲都有翅膀頭胸腹……因為這是個絕症，沒有病源，放眼望去，彷彿也沒有痊癒機會。※

我們三個人又在一間潮州酒家吵鬧的人堆中談論宗教。我們埋怨舊約的上帝動輒用火燒光一個城市。

每次談及那厚厚一部血紅《聖經》，便十分高興。看看左右的龍門陣，大概只有我們這一桌在講耶穌和祂的道理吧，不禁便慶幸起來。我們三個人終究是活在一起的，將來即使生活圈子慢慢越拉越遠了——我對她說唱片製作，她微笑；她對他講議員上司不講理，他微笑；他對我講詮釋問題，我微笑——但一說到上帝，我們又是一個天國的子民了，說到興高采烈時，都在狂笑，也許是笑從前天真純潔。

我們還是基督徒的時候，年輕而愉快，有長遠的今生和來生。後來年長了便覺得事情並不那麼樣，另有蹺蹊，想得太多便不快樂了，且幹起叛教的勾當，像今夜。有時且十分憤怒和惶惑。我對他說，有把這些疑問質詢父母嗎？思想到了這地步為甚麼還上主日學呢？他便祥和說：打倒了他們一生人的信仰，有甚麼貢獻？如果宗教對他們有好處，對別人有好處，又何必要辯論？

原來我們漸漸不太年輕了，竟然懂得溫柔的體諒與包容，從前不是堅決反對宗教只是手段，都是導人向善的老成話嗎？※

由於是個女孩子，所以她說很想親手糊一個燈籠，便頗有說服力甚合身份。她說我便聽。她繼續說：可惜沒有時間。

結果如何，無緣得知，而她以前和以後的中秋究竟有沒有空間實現這微末而浪費時間的願望呢？

我們三個人帶備一個燈籠一包蠟燭一盒火柴，遊車河環遊港島南部各沙灘，預備點燈籠。車到淺水灣酒店，甚美麗，而那邊黑海當然是淺水灣。車繼續駛，竟然連泊車也忘了，懶得回頭，只口頭說說淺水灣。然後赤柱，泊了車，但窗壞了，關不得，恐防偷車，走遠了心緒便不安寧，買三罐寶礦力便算了。

最後在居所附近的廟前點燈籠。一隻蝴蝶一架飛機，可惜風大，蠟燭屢點屢熄，風隨機殼滑進機艙內，又熄了。火柴有限，拾地上的枯葉借火，午間的陣雨卻濕透了葉的纖維，只剝咯幾聲，點不著。幾番轉折，精神全花在點蠟燭的工夫上。

後來見樹下有幾張櫈，是公家的，用來賞月最宜。原來都上了鎖，搬不動，就坐在樹下吧，抬頭看不見月亮，一片陰森的葉影，坐坐休息也好。點燈籠不過其次。※

在老式小型酒店吃喝，自有難得的獨特風味。

人和佈景都一片黯淡，但因為畢竟是酒店，有迫不得已的艷麗遺留下來，一眼便看見，例如牆上粉藍色得十分醜陋的牆紙。侍應大多老邁了，項上幾條頭髮無效地拉扯遮掩一下，然手腳也很純熟，想是佇立在這個小小餐室內不少時日之故。

杯碟更換得不太勤，這原是吃自助餐的大忌，大概這種飲食方法是這酒店的新嘗試，為了時勢所需。一碟又一碟，只覺四周的人其實都不怎麼辛勤努力地吃，欠了自助餐應有的風捲殘雲景象。自然，侍應們也只是呆呆地看的時間多。如此也好，大家懶洋洋，在吃這回事上見真章，沒有因過於殷勤而洩露虛偽。完事了，我便要一杯檸檬茶，喝第二杯時，我要求先把先前浸軟了的檸檬皮倒去，因為太苦了。侍應卻誠懇地說，不用了，檸檬茶自然是苦的，加多兩粒糖吧。

好，略有何其芳味道，而且令我想起小時進食，一開口談話便給父親筷子打下來。吃是多麼艱苦，縱然這已是遙遠的事，在這古老酒店內才記得起。※

藥物現象

有些人要靠吸煙來幫助思想，煙草刺激腦部或心臟，人敏銳起來，便可以創作得更多更好。不抽煙的人自然不會明白這道理。他們說，大抵那也只是手癮，有時筆尖並不飛動得那麼快，出現了空檔，手和頭便會不知所措，拿一枝煙吞吞吐吐，敢情好。

我不抽煙，我喫茶。茶以前便是我寫作的藥物了。普洱洗去油膩及人間煙火，龍井但覺一切事物都要清明了些。而喫茶和抽煙一樣，無非要令人清醒。

可是自從吃了一種敏感藥，才覺得找著了我的鴉片。最初服下去四肢乏力，只想睡眠，有時睡不著便當安眠藥吃。後來吃多了，適應了，便可以在將睡未睡之間，做一些事情，例如看書，例如寫稿。原先即使是一件令人神經緊張的事，此刻因為手腳遲鈍而思想從容，看來也就比較好辦。即如寫，不太顧慮是哪裡的稿哪些人看，不在意計算寫出來的效果，不怯羞，不節省，不欺場，藥物令手足飄然，像一個瘋人反復沉吟，咿咿哦哦，就是因為不夠清醒的緣故，思想便暢順起來。

與其說這是靈感之類，不如說是一種藥物現象，由想到毅然抓起筆寫，無非是一種現象，只是從前還不太明白。※

蟻——

小學時，我很喜歡在白紙上設計蟻巢的平面藍圖，在空白的地方用筆建造一格格房舍，一群蟻躲在擠迫的洞裡，便有安全的感覺。然後，又派一兩隻伺伏在蟻巢門口守衛。這是一場刺激的戰爭，但在我的筆下，平面又安全。

不是很無聊麼？當我還懂得無聊的時候，常常蹲在小學的後園，用短小的竹枝挑動泥土，惹起一大堆蟻驚恐，然後便感這是最刺激的一場逃亡，幸而隔岸觀火。

因為只用眼，看得入神的時候，牠們簡直不像一群蟻。就這樣，我蹲著，牠們蠕動著。忽然，有一隻無聲無息隨著竹桿走到我的指頭，牠用力狠咬一下，無關痛癢地痛癢。當然，我只輕輕一彈牠便消失了，然而，哦，牠們是可以咬人的。

我依然蹲著，卻帶一點點遙遠的痛楚，這畢竟是一場逃亡，須要掙扎。

這是間冷氣房，窗子長年緊閉著，但卻有很多蚊子無端飛來，正如蟻。因為這是宿舍內的一間房，沒有食物擺放在內，所以很少蟻可以在此生存。於是慢慢忘記了蟻的存在，且肆無忌憚地亂放蛋糕等物。當我打開餅盒，發現蛋糕的纖維藏滿了惶恐亂撞的蟻，才驚覺牠們的實在，準確地走許多未知的路，才走到這盒內，不過，在我把蛋糕亂擲的時候，牠們一跌，便永隔天涯。

宿舍廚房內的垃圾筒蓋半掩，露出一個很熟悉的盒子。那是我心愛的芝士蛋糕，只吃了一半，然後利刀割開很多件分了給旁人。最後留一小件給自己。長夜漫漫就指望它了。打開雪櫃，蛋糕不見了，當然，它的盒如今就躺在垃圾桶裡。有人偷吃了然後棄掉了空盒。

我打開垃圾桶蓋，閃縮張皇的一群蟻在盒內遊走。今夜，空蕩蕩，看著密麻麻的斑點，如同猥瑣罪惡的證據。這畢竟是番切實掙扎。※

第七章

寫於青春的極短篇

四個打錯的電話——

「喂？」

「……」

「喂？你找誰？」

「我是尤恆。」

「你去遊行？你去遊行與我何干？」

「不，我姓尤，尤如的尤。」

「尤如？猶如的猶應該是狗爪邊做一個酋長的酋。姓尤，應該是尤其的尤。」

「總之，我是尤恆，恆新的恆。」

「你又錯了，應該是恆生，不是恆新。」

「錯了就錯了，總之我是尤恆。」

「你是尤恆，又怎麼樣？」

「……」

「你找誰？」

「……我想，我是打錯電話了，對不起。」

「你實在是對我不起，要我浪費氣力糾正你的懶音改正你的錯別字。所以我問你問題，你要答。剛才我問你要找哪個，怎麼你講不出來，卻忙不迭宣佈自己是尤恆？你以為你知名度很高嗎？」

「我……」

「你是尤恆，我知道。」

「我說我是尤恆，是因為，這個名字比較……比較奇怪，所以，朋友言談間常常拿來取笑。而，剛才，我在電話筒聽見你的聲音，覺得我是不認識你的。」

「你確實不認識我，我又不叫尤恆、尤詠、尤正、尤旋、尤采。」

「而我要找的人，分明是獨居的，有我不認識的人，大概是他朋友吧。為了避免混亂，我便報上名來，我以為，是他朋友，都知道有個叫尤恆的，所以……」

「為甚麼問你找誰你又不答呢？」

「我先主動說明我是誰，不是更有誠意嗎？」

「但電話是你打的，打電話的目的是要找到你想要找的人和你對話，你不報上那人名字，反而先講自己是誰，有甚麼用處？」

「嗯，我說我是尤恆之後，本來繼續要講找誰的，你卻，不給我機會。」

「你要甚麼機會？你不會爭取嗎？不會爽爽快快說得一清二楚嗎？」

「是我不好，你說得對。」

「我又說得對到哪裡去？分明是我無理取鬧。我告訴你，做人不要太怯懦，要強硬點，不然，枉費你尤恆這個好名字哩。你一定沒有參加遊行吧。」

「有，怎麼沒有？」

「有，答得好，有獎，你等等。喂，是那個尤恆找你哩。」

「線不是你搭的，是電話公司的錯。」

「喂！」

「喂！」

「喂！」

「喂！」

「喂，你找誰呀？音樂太大聲了，我聽不清楚。」

「等等……喂，我找殷衞理。」

「因為我？你搭錯線。」

「哦，對不起。」

「不，不必對不起，線不是你搭的，是電話公司的錯。請你不要掛線，反正都錯了，不如將錯就錯。我想問你，剛才你聽那段六四樂章……是鐳射碟吧。」

「咦，你知道？」

「當然，這是我心愛的樂章。」

「我意思是，你怎麼知道是鐳射？或者是唱片、錄音帶呢？」

「只有鐳射才有這種輕盈清脆的效果。」

「你真好耳朵。」

「我其實是想問你，你在哪裡買得到呢？鐳射版，我找遍了大小唱片公司都空手而回。」

「哦，我在美國買回來的。」

「中國樂曲，在美國反而買得到傳真版哩，真奇怪。」

「大家發燒友，當然知道這種情形不是罕見啦，有甚麼奇怪。」

「你可以告訴我怎樣訂購？」

「我也是托朋友在那邊買回來的，不如，怎樣聯絡你？我找到那個朋友，碟到手，才再找你吧。」

「那太麻煩你吧？」

「哦，不用客氣，知音難求。」

「如果愛他是錯，我不要對。」

「請問你，劉水在嗎？」

「劉水今天留堂。」

「你騙我！你欺騙我，劉水都快五十歲了，還留甚麼堂？」

「嗚——」

「請問你，劉水在嗎？」

「沒這個人。」

「怎麼會沒有這個人？」

「沒有就沒有。」

「你怎可以說沒有劉水這個人？你頂多可以說你這裡沒有劉水這個人。明明是有個叫劉水的人生存在這個世界裡面，我就認識一個叫劉水的。」

「嗚——」

「請問你，劉水在嗎？」

「你打幾多號電話？」

「哦，忘記了。」

「忘記了？運吉。」

「你未答我，劉水在嗎？」

「你打錯號碼。」

「我知道打錯。」

「明知錯你又要打。」

「如果愛他是錯，我不要對。」

「嗚——」

「這裡是三三四四五五五嗎？」

「是，找誰？」

「有劉水這個人嗎？」

「沒有。」

「唉，又沒有，唉！」

「喂！又沒有？你白撞？」

「我不是白撞，是撞彩。」

「撞彩？」

「我要找劉水，他卻搬了，連新電話號碼也不留給我，我便逐個逐個號碼試，是第六萬四千個了。」

「痴線！」

「不，是痴情！」

「炸？炸了，翼便不會飛。」

「是不是好味小食店？」

「是。」

「要半打炸雞翼，三隻炸雞髀。」

「炸？真的要炸？哦，不是太殘忍嗎？炸了，翼就不會飛，腿便不會跑。」

「對不起，打錯電話。」

「嗚——」

「是不是好味小食店？」

「是又怎麼樣？」

「當然叫外賣。」

「外賣加一，你吃得起？」

「對不起，我又打錯電話。」

「不，你沒有錯，確實是好味小食店。」

「那麼，一是我去錯時光隧道，一是我誤闖祖國。」

「嗚——」

牛頭馬嘴——

「喂，請問乜乜乜喺唔喺度啊？」

「係。」

「喺度定係係啊？」

「係，我係。」

「係？唔認得你把聲㖭。」

「唔認得唔出奇吖，我都唔認得你係邊個。」

「哦，我係阿乜啊。」

「哦，咁點啊？」

「冇，咁耐冇見，搵吓你啫。」

「咁你搵到啦。」

「你唔得閒咩？」

「唔係。」

「做緊咩啊？」

「做緊啲嘢。」

「有咩搞啊？呢排。」

「有咩搞吖，咪又係咁。」

「咁耐冇見不如搵晚出嚟食餐飯咯。」

「你請呀？」

「邊個請有咩所謂吖，咁你幾時得閒呢？」

「幾時都得啦。」

「咁講實幾時喇。」

「哦，睇吓啦。」

「仲睇咩吖？不如就聽晚喇。」

「聽晚唔得喎。」

「後晚呢？」

「嗯，後晚，都唔得。」

「咁你話幾時喇。」

「遲啲啦，遲啲睇吓啦。」

「遲到幾時呀？」

「睇吓吖，話你知吖，到時。」

「你有我電話咩？」

「有，有㗎喇，得喇得喇，遲啲見面傾啦吓。有機會就。」

「無情情又冇重點，叫我點講點喇。」

「喂，我搵乜乜乜啊。」

「我係喇。」

「點呀？衰仔。」

「又咩點啊。」

「咁究竟點呀？」

「你想我點呀？點話你聽啊？邊方面點吖究竟？無情情又冇重點，叫我點講點喇。」

「仲係嘛嗰度做呀？」

「咩叫仲係啊？嗰度好差咩？我一定要走嘅咩？」

「冇，問吓啫。有冇加人工啊？」

「一般啦。」

「車，又唔係周南，月薪幾多冇咩怕講㗎，又冇新聞價值嘅。」

「無謂講來講去都講錢咁市儈吖嘛。」

「咁唔講錢講吓以前啲嘢喇。」

「唔係吓嘛，以前我同你有啲乜啊？同你做過嗰一年同事咁大把。」

「冇，以前我咪喺邊度邊度做嘅。」

「我知，你知我知啦，一齊做嘅。」

「冇，而家我唔喇，去咗第度做咯。」

「做咩啊？做保險呀？」

「點解你會話我做保險呢？打電話畀你，大家傾兩句咁啫，你疑心都幾重㗎喎。」

「咁你家陣喺邊度發財吖？係咪要咁問㗎可？」

「冇，自己搞咗間公關公司咋。」

「嘩，做老闆喎。」

「老咩闆吖，得嗰十零個馬仔幫吓手咁之嘛。你咪仲威，出咗好多本書喇喎。」

「係咩？你邊度搵到喋，我都唔知嘅，嗰兩本咁大把咋，前前後後，你睇錯名係咪？」

「哦，我都出咗幾本書啊，本乜乜物物上個禮拜我啱啱出咯。」

「係咩？咁搵嚟睇吓學吓嘢咯，要。」

「講笑咩，學人寫吓啲偵探故仔咁啦，明報東方成報嗰個阿水阿豬阿狗咪我嚟喋咯。」

「哦……係咩，我有陣都有睇喋，係你嚟喋？」

「係咁咦寫吓啦，依家博益明窗天地喺度講緊數，想話包晒我啲書囉，就係都唔知畀邊度至啱，你話喇。」

「你問我都冇用喋，我都唔識呢啲嘢嘅。」

「咁我又唔係真係問你。」

「吓，唔係真？假喋？」

「唔係，我係話，唉，總之都好忙啊我，啲時間都幾迫吓。」

「你講開你忙嘅咩？」

「冇所謂啦，都一句啫。有冇見阿乜啊？搵佢食吓飯咯。」

「冇，不過會喎，下禮拜，仲約咗阿乜阿乜嗏。你嚟唔嚟吖？」

「星期幾呀？」

「星期二。」

「下禮拜二呀？我約咗梅艷芳食飯。」

「話之你同邊個食飯喇，即是唔得啦。咁星期三喇，就你。」

「星期三……我都好忙啊，家吓仲幫電台做個節目嗏。」

「星期三做嘅咩？」

「唔係，係星期六晚半夜兩點鐘。」

「咁咪得囉。」

「得咩啊？」

「星期三晚。」

「總之好唔得閒呀，公司啲嘢又多啦，仲要去美國同日本幫人斟啲嘢。」

「車，咁又係你自己話食飯嘅。幾時去美國啊咁？」

「六月。」

「有冇搞錯，仲有成三個月，依家就講定。」

「你唔知咁多，好忙。」

「咁你咁忙無謂喇。係咁啦。」

「咁早就上牀做咩啊？衰仔結咗婚嗱？」

「喂，點啊？」

「咩點啊？」

「呢排咩環境啊？」

「保護環境啦，梗係要。」

「咁幽默㗎乜你而家。」

「不嬲啦。」

「見咁耐冇見，搵吓你睇吓你點啫。」

「幾好吖。喂，啱啱放咗啲水沖涼，第日搵你再傾過啦。」

「咁啱嘅？」

「乜咁啱啊？」

「唔想講咋吓嘛？」

「乜唔想講啊？驚啲水凍咗咋。」

「咁沖完涼你打畀我喇，夠晒誠意喇咁就。」

「沖完涼我要上牀瞓喇，第日先啦。」

「咁早上牀做咩啊你？衰仔結咗婚𡃶？」

「唔係呀，聽朝要入屯門睇地盤呀。」

「哦，大單嘢，發啦，又話冇乜點？」

「喂，個洗衣機嘔白泡呀！」

「嘔泡，聽唔到聲嘅？睇電視廣告攞靈感咋啩？」

「唔得喇，係咁啦。」

「又因乜呀？」

「今次到我嘔喇，畀你悶到要去搽白花油呀，係咁啦。」

老實話

甲：「聽說，你要走了？」

乙：「聽說？聽誰說？聽你自己說吧？」

甲：「我怎可能自己說自己聽？我有這種能耐，有這樣靈通的情報，也早有資格移民美國了。」

乙：「你？憑甚麼？」

甲：「中央情報局聘請我啊。」

乙：「那現在你是實習階段，做好移民準備功夫吧？小小一間公司的情報都夠你練習啦。」

甲：「你意思要是諷刺我多管閒事，便未免太過不近人情了。」

乙：「我知，你最重人情，所以將事非當人情。」

甲：「我講這些話是是非？那你太不明是非了，說到底，都是關心你的去留。大家朝見口晚見面，你知，見慣一件傢具，忽然要扔掉了，都會若有所失啦。何況是活生生一個人呢？」

乙：「我？頂多是公司廁所裡頭的廁紙筒吧，我平時怎會起眼？到人有三急時才省起少了我。」

甲：「你這是妄自菲薄，沒有你，公司上上下下都污穢得多。」

乙：「那也是當然，我要是走了，你們的嘴巴還會乾淨到哪裡去？」

甲：「你今晚說話殊不客氣。」

乙：「我將你當自己人辦，才開這些玩笑呢，我的幽默感可值錢得緊，不會大賤賣。」

甲：「你的幽默感？物以罕為貴吧？」

乙：「你提到那個貴字，著實又令我想起一些複雜的問題。」

甲：「比你我之間要複雜？」

乙：「怎樣才算得上貴？同樣一個價錢，你覺得值，即使再高也不覺得貴。」

甲：「我也想到一個複雜的問題，很有點見地。」

乙：「甚麼？」

甲：「地球，是圓的。」

乙：「唉，有些道理，雖然是老生常談，不臨到自己頭上，便不會有感而發。」

甲：「你說的貴和值，是不是指你目前在公司的人工？抑或想起別的公司對你高薪挖角，所以沾沾自喜？」

乙：「這件事，我坦白對你說，也不曉得你會喜歡還是失望，其實上個月，那邊真的出高價想我過檔。」

甲：「高到哪裡？」

乙：「這些，又不方便講明白了。不過，我想，做生不如做熟。」

甲：「焓雞蛋你可能怕生，工怕甚麼生呢？錢你最熟了吧？」

乙：「除了錢，還有很多因素要考慮。」

甲：「怎麼你忽然又移情別戀不愛錢呢？」

乙：「錢當然是愛的，不過，雖然有錢比較容易得到想得的，畢竟不是萬能，先有虧蝕太多才到手，便可能得不償失。這也不是新穎的說法了。」

甲：「你即是說，新公司要你做牛做馬，你在舊公司做雞做鴨便行了，所以不願意為五斗米折腰了？」

乙：「假如我說是捨不得你這種同事，你會有勇氣相信嗎？」

甲：「老實說，公司刻薄，你這個階層不會感受不到。何止做雞做鴨做牛做馬？簡直當我們豬狗不如，活脫脫一個動物農莊。你知道？阿茂要加薪那件事？以為跳草裙舞，誰知會淪落到跳了脫衣舞下不了台，便惟有辭職。」

乙：「你的消息果然是一貫的靈通，這件事，我也有向經理講過幾句話。我的意見是：阿丙和阿丁是真真正正的苦幹型，橫衝直撞搏殺格，也不過是區區幾千塊一個月，阿茂憑甚麼要求過萬月薪呢？跳草裙舞，得有好身段，找到好場地才好表演。」

甲：「所以你便不敢借挖角傳言要求加薪了。」

乙：「對，我自問身裁欠奉。」

甲：「是不是經理因為你一番說話，便開除了阿茂呢？」

乙：「你又未免過分抬舉我了，假如真是言聽計從，為甚麼幹掉阿茂之後又不加阿丙阿丁人工？況且，阿茂不算得是被開除，不過是老羞成怒，而且，是羞的成分比較重。我說那番話，也不是要針對阿茂，只是替阿丙阿丁超值工作討個公道吧。」

甲：「說的也是，我們都是公道人，當然明白這個道理。」

丙：「你說，阿乙是不是要跳槽呢？」

甲：「剛剛我才與她通過電話，她說不。」

丙：「你相信嗎？」

甲：「我到現在還在推敲階段，初步分析是大有可能要走了。」

丙：「她怎樣說？」

甲：「她怎樣說有甚麼重要？最重要是留意她的語氣。剛才，不是你親耳聽回來，便沒法子想像到，她居然也敢對我牙尖嘴利，一句不肯放鬆，幾乎就要不歡而散，豁出去的氣勢，你說，不是另有後路，有恃無恐，你說，會這麼說？不是說要怕我甚麼，但一場同事日後好相見，話也不應這麼說啊，你說？」

丙：「我說甚麼？話是你聽的，你說才是。」

甲：「好，我說。我說她矜貴，值得那邊高薪挖角，還說甚麼金錢並不重要，你說，不是另有高就，會這個樣子說話？」

丙：「你的分析又好像言之成理，平日她才不會誇這些海口。」

甲：「她倒也自謙和自知，說自己身裁差劣。」

丙：「不惜自貶，的確是一反常態。果然是有恃無恐了。」

甲：「她走與不走，也只是我私下揣測。那個電話，倒有些話是她說，我聽，假不得的。」

丙：「關於？」

甲：「關於你和阿丁，你知道麼？原來阿茂是她一力迫走的。」

丙：「哦，這個，我也略有所聞。那又何以牽涉我和阿丁？」

甲：「原來她迫走阿茂之餘，又乘機在經理面前貶低你和阿丁。」

丙：「怎麼樣？你講。」

甲：「她說你和阿丁橫衝直撞，大模廝樣，又擺出搏紮格，不過只曉得苦力般幹啊幹啊，人工又低，好使好用，何必再用高薪留住阿茂呢？」

丙：「唉，那真是億萬想不到，她會在背後將我講成這個樣子。平素又沒有得罪她的地方。」

甲：「咦？她還肯中傷你們，看來本公司還是意有所為，跳槽又未必是事實。」

丙：「那，你有甚麼是可以肯定的？」

甲：「她對我說，不忍心跳槽，是捨不得我，倒十分可信，她當的是自己人呢。還有，她認為自己身裁似足一個廁紙筒，也是老實話。」

那天，下午，他──

A：「你傷風。」

B：「不，不是傷風。」

A：「傷風就要看醫生，病向淺中醫。你嫌麻煩，也要吃藥。西藥散，你聽我勸就得吃中藥，溫和多了。還不趕快上牀睡個好覺？都十一點了，嗯，臨睡前來個熱水浴，出一身汗，傷風感冒都會給焗出來。」

B：「我，不是傷風。」

A：「不是傷風是鼻塞？」

B：「為甚麼一定要有病？」

A：「因為你一把病聲。」

B：「或者是心病呢？」

A：「吓？你會有心病？是他嗎？你跟他有心病？」

B：「不，是心病還需心藥醫的心病。」

A：「你要心藥？心藥比西藥更散，吃了四肢麻木知覺全失。嗯，你是說笑吧。前天你們不是手拖著手回來吃飯？」

B：「昨天吃飯，明天只吃稀粥，有甚麼稀奇？」

A：「唉唉唉，你是圖個口頭上過癮吧？別讓我擔心才好。」

B：「當然，母親，你看你的女兒，心臟一向健全，似是有心病之人？」

A：「我怎麼看得到你，我又不會聽聲診病，你好自為知。」

B：「放心，其實，我只是傷風。」

C：「你怎麼了？今天吃完了午飯就不回頭，又沒有告假。」

B：「你怎知道我沒有告假，你不知道有一種通訊工具叫電話？」

C：「我也是聽別人說，說你是和他去鋸扒，鋸完便去如黃鶴。」

B：「你們沒擔心過我給鋸死了，騎鶴歸西嗎？」

C：「那究竟發生了甚麼事？一定是有突發事件才令你不辭而別？」

B：「哦，沒有，是鋸扒的時候，他持刀的右手，肉緊過度，飛象過河，刺傷了我的胸口，於是就趕忙到醫院敷藥，現在還在隱隱作痛哩。你聽不見我的聲線有點怪異嗎？就是怕說話太用力，牽動了傷口。」

C：「哦，居然有這種事，我也老早想問你，怎麼連聲音都變了，我倒耳靈。」

B：「何止？你們耳目眾多，又消息靈通。」

C：「大家同事，當然要互相照應。」

D：「你告訴我，是不是和他吵架呢？你母親剛才向我報告，說你言詞閃縮，思疑你們又出了問題。」

B：「我早就對她說，是說笑哩。」

D：「恐怕是笑中帶淚吧？我們看著你長大。啊！真的，快高長大，一眨眼就懂得老成持重，好像從來沒有做過少女，不會製造心事，又因為怕掉紙巾麻煩，連哭都懶得哭了。」

B：「咦，你們真的這樣看我嗎？我豈非成了女中英豪？」

D：「你聽我說。」

B：「我常常聽你們說。」

D：「今次你一定要聽我說，我要聽你說，你和他是不是？」

B：「不是，不是，不是有事。」

D：「你總認為我們沒有資格聽你說心事。其實，老人家有老人家的道理，譬如說，熱氣容易咬損舌頭。為甚麼呢？老人家或者說不出個所以然，但事實就是這樣。而且，要解釋也不太難，熱脹冷縮，舌頭脹大了，自然較易給咬個正著，也不是沒有道理。」

B：「有道理之極，不過，我舌頭沒有損傷。」

D：「怕你的心有傷口吧？」

B：「哈，心傷就好辦，包紮綳帶不就成了？」

D：「總之，你怎知我不可以做你的膠布？」

B：「傷口太大的時候，膠布並不濟事。」

E：「你的聲線幹嗎會沙啞起來？」

B：「是沙啞嗎？我以為你會覺得性感？」

E：「即使是性感，你也不會再向我賣弄啦。」

B：「原來你懂得分辨沙啞和性感的分別，從前不見得你有這種能耐。」

E：「從前我是幼稚生，現在是大學畢業了。而且，是你經手敲我頭，讓我領了證書下台。」

B：「哦，我倒是居功至偉。」

E：「我們的事，都過去了，我只是對你的沙啞聲有興趣，是病嗎？」

B：「不。」

E：「是心病？」

B：「你忽然很像我母親。」

E：「一定是心病。」

B：「哈，怎麼羅醫師會診斷我有心病？告訴你，我現下風流快活，就是擔心惹上性病，也不怕有心病。」

E：「你風流快活？你不是說過，他令你修心養性？」

B：「我幾時說過甚麼？我沒說過麼？我剛報考做國務院發言人。」

F：「咦，你居然肯接電話？」

B：「為甚麼我會不肯接電話？」

F：「萬一是他打電話來道歉，而你又不想太快給他機會？」

B：「你知他得罪了我？」

F：「我相信，這個世界上得知他一切事的人，不會超過三個，而我是其中之一。」

B：「其中之一是我吧。」

F：「或者，只是排名分先後。」

B：「你打這個電話，是要代他向我探口風，抑或是看看有甚麼漁人之利？」

F：「我怕腥，才不做蜑家婆。」

B：「抑或你想勸我憎恨他，索性掛起了電話，不讓他有道歉機會，然後你就扮演善解人意的可愛動物？」

F：「哦，你當我動物。」

B：「還需要當嗎？你根本就是動物。」

F：「人本來都是動物，你特別指明我是動物，好像你是異物，除非，你不是人。」

B：「唉，你不知道，他，那天和他吃午飯，他竟然……」

G：「他？又是他，你還在乎他？你應該要積極點。」

B：「你聽我說，那天午飯發生了甚麼吧，他呢，竟然……」

G：「嗯，依你說，我是不是應該試試那份工呢？只不過寫封信，也無妨呀？反正履歷統統寫進磁碟裡頭，按個掣就成了，你說呢？」

B：「我說，他那天……」

G：「他那天有甚麼好事做得出？我才好事近，如果跳槽成功。他和你吵了一個鐘吧？頂多。」

B：「嗯，是的，那天下午，他，沒甚麼，不過吵了一個鐘。」

真正朋友

「新年快樂。」

「新年快樂。你是第幾個跟我講這句話呢？」

「第幾個有甚麼重要？你還是小心眼。」

「甚麼還是小心眼？我的心眼一向小到哪裡去了？你們不是嚷著我粗枝大葉嗎？不過論眼珠，我倒真是小。」

「你的眼睛？也不算小了吧。」

「小，我自己看著也覺得小了些。所以呂方是我偶像，憶蓮是我畢生希望所在。」

「你又幾時迷上呂方呢？」

「班數稍高的朋友都知道我是他的忠實擁躉啦，我著實須要考慮將你降班。」

「或者其實我不是你真正朋友呢？」

「你是認真嗎？我倒不是認真的。知道我迷呂方的並不一定是朋友，真正的朋友也未必需要知道我迷呂方。真正的朋友，應該是無情情便可講一小時電話。」

「你越說越遠越說越深奧了，你從前倒不愛講人生大道理的。不是說眼細的人看東西比較集中？我們本來的話題在哪裡？」

「本來無一物。」

「還講起佛偈來。」

「甚麼佛偈？這是阿輝的口頭禪。」

「阿輝會講這種話？」

「你說，除了阿輝，誰還會講這些五個字一句的東西？」

「我也有整整一年沒有見過阿輝，想不到他也有條件咬文嚼字起來。」

「他沒有條件誰有？你這番話，你還是和他有心病吧？」

「你意思是我妒忌他？我不是淪落到這地步吧？心病我沒有，傷風感冒喉嚨痛症倒是有一點點。」

「嗯，難怪你的聲音，今天聽來好像有點兒酸意。」

「酸？阿輝如今賺得了多少錢？」

「萬七，真的，剛剛加了薪，一萬七千大元一個月。」

「萬七也不會酸到我頭上來，我只是苦，兩年前借他三萬，是港紙，兩年來不聞不問，呵，現在萬七一個月，兩年翻幾翻，也不會自動自覺。」

「哦，這個倒想不到。兩年前？你還肯借他？他一向都沒有提及。」

「他當然不會提及。」

「那時候風頭火勢，你仍不念舊惡借他，實在偉大。」

「甚麼舊惡？」

「你裝大量也無須連內衣褲一齊裝吧？誰不知道兩年前你們，在一場三角戰內反目成仇呢？」

「有這種說法？分明是謠言。」

「謠言？此事非同小可，務必要搞清楚。若然是謠言，我也有份出力傳開去的，因為是人所共知的事實啊！而且，我依稀記得是你親口對我說的。」

「我和阿輝？爭？不是我看扁了他，他的五官分佈狀況……」

「呵，你又幾時挑剔到這地步？論相貌，阿輝可能比你差了些，可用不上醜來形容。」

「你幾時又對美醜的觀念放鬆到這田地？好，美醜這問題，各花入各眼，你說我親口對你說我和阿輝的三角戰，是怎麼一回事？在哪裡？遠遠在馬槽裡，無枕也無牀？」

「少拋你的拗音聖詩，那夜，那夜你。」

「有星有月有山有水吧，我可沒有對你講過甚麼。」

「對，在中環蘭桂坊。」

「蘭桂坊，甚麼地方？」

「你如今故意扮失憶，誰也沒法幫助你記憶。那晚在蘭桂坊喝酒，你酒後吐真言。」

「我不是喝醉了胡言亂語吧，為甚麼竟然完全沒有印象？」

「雖說酒醉三分醒，但一時抑制不住，說溜了嘴，也是有的。」

「哦，也未可料。咦，不過，胡說。即使我真的在蘭桂坊醉過，說過一些甚麼，我可以不記得，但，實情是怎樣，難道我自己清醒的時候，不比你清楚麼？我可沒有和阿輝不和啊。」

「或者現在過了大酬賓時期呢？」

「甚麼大酬賓？」

「秘密大酬賓，或者你現在覺得舊夢不須記，所以又有心再度隱瞞，保護罩自動關閉呢？」

「你這樣說，太沒意思了，既是舊夢，我又何須要瞞你？朋友不是這個樣子做的。」

「不是這樣子做的，當然，每個人都有私隱。不想提的事，我也不應該掛在口唇邊苦苦相迫。」

「唉，你說這話，可見還是思疑。」

「不，不，不是思疑，是……」

「是肯定了麼？是不是因為踏進九〇年的關係呢？我發覺我們之間，話是說多了，卻諸多衝突，何止一言不合。」

「別談太遠的事了，反正都已成過去。一言不合，便講些新年的願望吧，保管大家都合意。」

「新年？坦白說，講了這麼多年新年快樂，今年是講得最放心的一年。」

「平常怕講了給人追斬麼？」

「經常講了也只是白講，為甚麼一定要在年頭才快樂？在一月份才想到祝福他人快樂？可是，在今年，一月就特別有去舊迎新的意思。」

「你是說東歐的骨牌現象？」

「何止像骨牌，簡直是所有雙辣爆棚趁北風圈才糊出，最難吃出的十三么還要在北風北位完場前自摸。你說，是不是邪？」

「對，連壽西斯古都想不到自己過不了八十年代最後一個聖誕。」

「回想起來，那時叫喊得聲嘶力竭，喊倒了趙紫陽，以為幫倒了忙，原來千里傳音，音波如今才傳到了東歐。一場辛苦，換來了這份聖誕禮物。」

「對，比火雞還要滋味。」

「這個當然，火雞又滋味到哪裡去？」

「對，我現在又終於明白你剛才所說放心講新年快樂的意思了。往常新年，各有各難念的經，講了，或者反而有攞景的反效果。唯獨是今年，大氣候的聲勢太大了，大家都暫時對小氣候有了免疫能力。

「當然，你可以高興得太遲嗎？一提到新年快樂，簡直是人同此心，往那方面想。」

「嗯，阿朱，即使我們有過甚麼爭執，怎樣疏遠，在這點上面，我們還是接近的。」

「咦，你叫我阿朱？我不是阿朱，你到底是誰？」

「我是阿九，你不是阿朱？」

「你說的阿輝是……」

「古嘉輝。」

「不，我講的是袁兆輝。」

「吓，我其實是不認識你的，照這情勢看。」

「照這形勢分析，阿朱阿九都知道是搭錯線。」

「那，怪不得重重誤會，怎麼辦呢？這樣尷尬。」

「何來尷尬？你剛才說的，真正朋友無須要知道你幾時迷呂方，只要有話可談便成了。我雖然只知道你也有個叫阿輝，賺萬七一個月，鬧三角戀的朋友，不過，我們可以繼續講東歐局勢。」

「哦，說的也是。你認為羅馬尼亞臨時政府會履行諾言，在四月舉行一個比叱吒更加公正無私的選舉嗎？」

喂—

「喂。」

「喂。」

「瞓咗呀？」

「唔係。」

「唔係咁嘅聲嘅？」

「冇。」

「冇嘢冇理由咁㗎。」

「真係冇嘢喎。」

「你真係冇嘢我就覺得有啲嘢啦。」

「係好嘢嚟㗎？」

「唔係啊，唔多好㗎，你咁聽電話法，千年木乃伊紮醒咗咁嘅聲，你估你搏撈鬼片配音呀？好怯㗎聽得人。」

「唔係真係咁得人驚吖嘛？」

「咁又唔係真係嚇親咁緊要，係好似搵親你都係嘈醒咗你，對你唔住咁，未開口就已經輸咗個氣勢啦。」

「咁咪好囉。」

「又唔係同你會談，你要咁好氣勢做乜嘢喎。老實講吖，打得個電話畀你，就算唔係畀面你咁大件事，都係有啲情份喺度㗎。」

「呢樣我知。」

「咁知你又成日兜口兜面咁成盆冷水潑落人哋度？」

「乜你個電話筒有水出咩？你咪仲多口水。」

「係都係想浸醒你，教精你咋。」

「咁計你話點接電話至啱喇，我未做過 reception 嘅，唔多熟㗎。」

「起碼都完完整整咁將個『喂』字嘅抑揚讀晒出嚟至算吖。」

「係我唔好走去播音？」

「喂，播音呢個字好落後咯喎，字正腔圓嘅反為唔啱播音㗎。而且計我話『喂』呢個字係冇意思嘅，你話喇，『喂』係點解喇。Hello 就唔同呢，順便問候埋人哋。」

「Hello 個字發音發得唔正好冇面㗎喎，正得滯又驚太過作狀。」

「咁啱中文都得㗎，阿乜聽親電話都聲大大咁哈囉咗先㗎，佢都未知道邊個嚟㗎，但係人哋一聽到啫，未開聲個心就定晒暖晒先喇。」

「咁我就自問冇咁嘅功力喇。你估賣笑呀？」

「你特登講到咁嚴重嘅就梗係冇功力啦。就算係賣笑都要㗎，賣笑嘅市道幾時都好過賣喊㗎。你笑口噬噬，人哋話你乜咁假㗎，然後大家都仲係好嚟好去嘅，但係喊苦喊忽，冤口冤面咁，一次埋單就冇下次幫襯㗎喇，你估人哋會話你真性情咩，人哋會覺得你多多事實，冇乜好嘢介紹咋。而且呢個世界嘅嘢，唔係自己就唔值錢㗎。好嘢又係咁，唔開心嘅嘢又係咁，你唔開心之嘛，同佢冇關係㗎。」

「如果同佢有關係呢？」

「仲衰，普通閒人同你分擔吓都已經未必夠腰骨力喇，知道係同自己有關嘅，仲唔係百上加斤咩，隨時腰折啦。」

「夭折唔係腰骨個腰喎。」

「呢啲叫做幽默感吖嘛，唔怪得你喇，成日㩒定個憂鬱格，林黛玉紅晒都冇用啦，最後嫁寶玉嗰個又唔係佢，而且咁早就死咗咯。」

「喂，乜令到當事人知道有人因為佢而唔開心係真係冇用嘅咩？」

「你想點用吖？」

「有乜分別呢？」

「如果你想佢知道事實就梗係有用啦，不過除非你講到明啫，如果唔係，佢係咁估估吓，點解你成日懶係鬱鬱寡歡咁樣，又唔知係唔係因為自己，整吓整個人就攰㗎啦對你，你估欠咗你㗎？係欠咗你嘅佢又唔使你做表情都知道乜嘢事啦。就算佢知道你唔開心又有乜用呢？」

「咁等佢開吓聲講番幾句好嘢聽吓都好㗎。」

「講得多幾次，你唔厭佢都講到冇晒癮啦。你諗吓，佢為乜要講好嘢你聽啫，佢唔係喺撒瑪利亞會做義工㗎。佢有心對你好，都係因為最初喺你身上搵到啲好嘢，譬如邊次食飯氣氛好好，邊次煲電話粥好過癮，或者係你個人好吸引，之類，總之你一單單好印象啦。

但係如果你整整吓三日唔埋又容玉意咁口面，講電話又白燕咁嘅聲，冇乜邊次係開心收場嘅，即係喺度自毀長城啫，將當初嘅好印象敗晒佢為止。」

「咁咪即係要笑面迎人？」

「我唔知你嗰個人係邊個，但係你要咁迂迴曲折咁畀表情佢估，畀把聲佢聽，都唔慌直接咗喇，啲關係。咁就梗係要笑住嚟喊㗎喇，問題係喊咗都冇用，反作用你要唔要吖？」

「死啦，咁我一向堅持貫徹嘅政策咪仲錯過阿乜嗰套。」

「阿乜啊？」

「唔出得街㗎，總之上親鏡都冇次歡容嗰個啦。」

「哦，乜你成日瞓唔醒咁聲係專登㗎？」

「係啊，你知我個人，對住你哋嗰陣都唔係白燕嚟㗎，但係我一聽到個電話響就形住係佢嚟，咁咪上定身先囉。」

「咁我『喂』一吓就知唔係㗎啦，點解都仲有一排未瞓醒呢？」

「上咗身請番走都唔係咁易啦。裝硬咗個木獨格咁快趣又嘻嘻哈哈，點落台啊？加上聽到把聲唔係佢，夠好似畀人潑冷水咁咯，於是咪潑番轉頭囉，發洩吓都要啦。」

「咦，照你咁講，你個政策走小小修正路線都幾好用㗎喎。嘩，你係唔係都衰聲衰氣，一聽到佢就即刻變番晒好聲好氣，咁咪搞到佢覺得自己好有影響力，但係同時又畀佢知道你有啲心事，話唔定仲搏到幾句——」

「喂，有電話入，你等等……喂。」

「喂。」

「你等等。」

「喂，係佢嚟啊，收線先。」

「喂。」

「喂，你瞓緊覺呀？」

「唔係。」

「咁嘅聲嘅？唔係。」

「咦，係喎，唔記得咗添，死喇，喂，喂，我醒晒啦，你講啦，咩嘢啊？」

終於也知道——

甲：

昨天晚上我跟你談了那八個小時的電話，你知道嗎，是很令人不耐煩的。

八小時不是個問題，如果大家是爽爽快快的談天說地，講人家是非也好，講歌星藝員緋聞也好，再無聊的話題也好，我都不會覺得在浪費時間。

可是，你卻專門揀我們之間的關係來講，你還愛我嗎？我是愛你的……諸如此類，每次話題都這麼血淋淋，實在教人受不了。

而且，要是八個鐘頭儘量名副其實的談情說愛，也是可以的。

但你一定不會覺得，原來當中那八個小時有差不多四個小時是 dead air 來的。

每說一句話，你便欲言又止的語氣，拖拖拉拉。

我常常認為，一個人的情緒起伏真可以那麼無常，真有控制不來，不可以完完整整將要說的話講出來的時候嗎？

會不會是你自己太過放縱自己所謂感性的一面，又過於看重了感情？

在電話中說一分鐘話停三分鐘，不作一聲，是令電話另一邊的人很難堪不安的。

打後連說一句話都得提心吊膽，每次都不知道又說錯了甚麼付你靜坐抗議一番。

你知道嗎？這樣子酸溜溜下去，連對方僅餘的一些愛也給弄酸了，變了質。

你知道嗎？我知道的。

就是因為你這種過分緊張的態度，令得原先淡淡的美麗的情懷都變了質。

真愛得那麼嚴重，一哭二鬧三冷戰？不禁就令我起疑，是不是有點兒賣弄愛情樣板戲呢？

你給我的壓力壓扁了我們之間的關係。

對不起，我不再愛你。

寫信給你，不打電話找你，是怕了那漫無止境的 dear air 拉鋸戰。

對不起。

乙

乙：

其實不單是我在電話中不能完整表達心裡的想法，你自己在電話裡頭也沒有在信中所謂的準確、鮮明、毒辣、痛快。

你的信寫得真絕，我也不再吞吐。

你說：你知道的。我想：其實你不懂我的心。

你寧願談天說地也不想談情說愛，證明一早便不再愛了，只有不在愛情狀態中的人才會懷疑戀愛中人一切不光彩的糊塗行為是造作。

壓力壓在心中無愛的人身上當然會壓扁一切，對深愛對方的人來說，猶恐壓得不夠力哩。問題是，原來我一向的力水全用錯了。

此外，我也思疑你從沒有好好愛過一個人，故可以寫一封扮理智的告別信。

不過，謝謝！

甲

甲：

本來再沒有面目寫這封信給你，但思前想後，你是這些話唯一的理想讀者。

最近我愛上一個不太愛我的人，我在電話中吞吞吐吐，有話不敢說，怕用錯了語氣，連呼吸都需要反覆控制。

眼見他整天談天文地理，不太管我們之間的關係，便老想把話題誘導到敏感的地帶去——活像當時的你。

報應來得真快！

你知道嗎？我知道你知道。

因為，我終於也知道。

乙

一場朋友

「喂，有空講幾句話嗎？」

「有沒有空是因人而定的，你找我，我自然就有空了。」

「都那麼久了，你還會說這種話。」

「其實我向來都是這樣子說話，習慣成自然，不值得大驚小怪。」

「不，我只是受寵若驚，我現在又不是你甚麼人。」

「以前你是我甚麼人的時候，不見得你會稱讚我是個嘴甜舌滑令人如沐春風的公關人才，只嫌我是個上門兜生意，囉囉嗦嗦的經紀。」

「這個當然，現在我們只是間中講講心事，吃一餐飯的朋友，星期六日不一定要見面，一個月不通電話也不會釀成慘劇，沒拖沒欠，你看得起我，便是我的光榮，怎可以和從前相比呢？那時你正在失勢，還動不動拿這些話壓我，越看得起我，就越是負累。」

「看來你是越老越了解自己了。」

「何出此言？」

「以前我只覺得你拖泥帶水，問你為甚麼由早到晚不發一言，你就說不知道，問你是不是冷淡了不再愛我了，你就說不了解自己。將自己形容得思想性格複雜無比，十分有型有款模樣。」

「你是明知故問罷了，說甚麼不了解自己，其實連自己都欺騙不來，又如何瞞過你呢？不過忽然宣佈嫌棄你，不想再見了，你的面子過不去，我的良心也過意不去，惟有用緩兵之計，令你慢性失戀，豈不是兩全其美？」

「那也虧你捱了一段日子。」

「我知道你這句說話是衷心的。」

「真的，現在想來還真會意猶未盡地感激，多謝你在我還少不得你的時候，依然肯三心兩意地關懷我。不是不給我見面，不過見了面就冷著臉，心不在焉，令我對你的印象變壞，不歡而散多過盡興而返，苦口婆心教育我，見你又有甚麼好處呢？慢慢搞清楚原來你一無是處，便不再愛你，也不會恨你，只是覺得，哦，原來你是這樣，原來我也可以這樣，這算大功告成。你也別誤會，我講這番話，原沒有半點諷刺的意思。那是我心平氣和之後，回想起來對你的政策拍案叫絕，你會不會相信呢？」

「換了是第二個人，就斷沒有理由相信了，一對分開了的戀人，居然會不嫌冒昧數三年零八個月前的歷史陳跡。若然餘情未了，就無謂再提傷口事，如果說來無動於衷，誰又耐煩再東家長西家短檢討一番呢？不如留一口氣和新歡角力。不過我是明白你的。你可以若無其事和我分析從前的形勢，不帶一點怒氣，也沒有清算的意圖，我最明白你。」

「你這句話真是受用，抵得住往常一大堆甜言蜜語，很多人都說分開了便連普通朋友都不如，依我看，一定要有過特殊親近的關係，然後又分開了，隔著一點距離，才做得成老友。」

「我們以前就不是老朋友嗎？」

「在我還愛著你的時候，關係緊張，怎稱得上是老友？」

「緊張甚麼？」

「一句話怕說重了，一個眼神又擔心看緊了，諸多疑慮，怎可能似老友般舒服自在？」

「那恐怕是因為我愛得不夠多，令你感受得不夠實在吧。」

「愛一個人是貪得無厭的。」

「會不會是你特別大貪呢？」

「貪心也好，知足也好，都是因為我曾經為你放棄過自尊，連最後的防線最尷尬的關頭都撤消了，以後還有甚麼顧慮呢？我又不愛你，你又不愛我，事事一五一十講個明白，也不覺得可疑。所以我說，曾經擁有的愛人，也可以做天長地久的良朋。」

「呵，這句話是押韻的。」

「是我故事押的韻，說起來更加像至理名言。」

「同性朋友呢？」

「同性朋友肉緊有限，又只可以交流經驗，然後各奔前程。怎及得上你和我，在這裡三口六面兩個當事人開庭對質那麼刺激？」

「既然是老友，斷沒理由就只有檢討男女私情吧？」

「那你想說甚麼？電話是你撥我聽的。」

「既然是老友，不是情侶，又何必計較哪一方是主動呢？老友不是一碰頭就無話不談嗎？」

「當然，我甚麼都可以跟你說，但你也很久沒有找我了，名副其實老朋友，跟不上最新概況，我跟你講甲，你又不認識哪個是甲，你聽得下那麼多嗎？左閃右避，惟有跟你講前日午夜場那齣戲。」

「也好。就講戲吧。」

「等一等，你是不是打算約我吃一餐飯聚聚呢？如果過兩天要見面，不如就留在那餐飯才講，怕到時沒有話題。」

「咦，在甚麼場合也聽過這句話？又好像是在小說裡談判的。」

「一場朋友，我就老老實實告訴你，那是你從前跟我在電話裡約見面的心聲。」

「哦，說的也是，還是你了解我。不過我們之所以有今日這種微妙關係，也多得我從前的拖延政策。」

「呵，那也不一定，你決定不再愛我，我是老早知道的。」

「不要告訴我，你那時是做一日和尚打一日鐘，得見一陣算一陣。」

「我怎會這樣說呢？說了你便要怪我不夠坦白，太沒意思了。」

「當然，一場朋友，我總是明白的，你那時早便知難而退，萬念俱灰，勉強拖下去，只不過為了吸取多一些經驗，諸多事實，培養感情，一個轉身就有大好寫作題材，一滴眼淚換得那一萬幾千字，也是划算。即如現在，你跟我談論往日如何冷落了你，卻絕無討還公道的意思，我是百分百肯定的，一切都為了你的小說。」

「說得正好，真是，一場朋友。」

「果然，你在這裡。」

「這麼晚了你別告訴我搖了半打電話給我老家才好。」

「不，我找你，這個時間，便想到你一定在這裡。」

「當然，都時日無多了，趁我還可以半夜三更一個人做點事，唉。」

「你在畫那幅『等待的姿勢』嗎？」

「不，也沒有心情畫了。」

「不是已經有了草稿嗎？」

「就只得一對微微屈曲的手掌，大概永遠也完成不了。誰知其餘的姿勢是怎樣呢？大家都只好從那手掌想像，說不定是好事。」

「其實你也無須意興闌珊到這個地步。」

「按金都退回來了，這裡就租到這個月底。」

「要大力士幫忙搬運隨時有供應。」

「還搬甚麼？統統放在垃圾站就成了。」

「不是有點可惜嗎？」

「可惜甚麼？這不三不四的畫室，區區二百呎地方，亂放著那堆垃圾，五顏六色。不過，一到下個月，連這個垃圾站也不保。」

「聽你語氣，心灰意冷得像人家結束營業。何必呢？你一生人最大的經營才剛要開始呢。」

「經營？說的也是，婚姻其實可以當作是長期的賣淫。不過，這邊廂要結束營業是肯定的了。那邊廂還未開始，我卻有了虧本的感覺。」

「是嗎？你吃了甚麼虧？我覺得，他愛你，比你愛他多很多很多。」

「他對我，是無話可說的。問題是，他這樣愛我，卻連我一個小小的興趣也照顧不到。或者，甚至是，因為他愛我，我也要愛他，於是便放棄自己原先一些願望。」

「結了婚規定不可以畫畫嗎？」

「你可以說，結婚之後，甚麼都可以繼續做，但其實又好像甚麼都不行了。即使有他在我方圓十呎之內活動，我也可以專心下筆，那些畫板呢？放牀下底還是雪櫃後面？實用面積只得那三百呎的叫做屋的地方。還畫甚麼好？下班之後，還要想想蒸炒煎炸哪一樣較好，還有心情勞神配搭顏料嗎？又要花部分時間了解他。」

「還需要了解嗎？」

「最低限度對他在公司發生的事知道一點點，並且記得他部分同事的名字，大家才有話可談。」

「如果你確實愛他，記他同事名字便不是一件苦差了，甚麼不花分毫氣力便永誌難忘。你會渴望知道他在外面發生的瑣事，比追看金庸小說更有興趣哩。當初你不是考慮過這個人值得你作出一些犧牲，才選中他嗎？或者，又回到老問題去，你愛他，便連犧牲的過程也覺得是一種享受，愛不是這樣嗎？」

「你所說的當然是愛，但卻是最激烈的一種，而其實，未必每個人有機會遇上這種愛。」

「你要和這個人終生相處，總要愛到一定的激烈程度吧。」

「不需要，真的不需要，過了頭反為壞了大事。只要他十分愛我，令我覺得自己也是個有價值的人，因這緣故而愛他，便可以了。說不定，他需要我多些，我反而可以事事佔了優勢。」

「我總覺得，你這樣想，便不應該嫁他了，你愛那堆畫還要比他激烈。」

「算了，一切已成定局，何況，畫畫令我知道自己是可以通過顏色和圖案來滿足自己，所以我愛畫。而他令我感到自己是可以被愛的，一般的滿足，所以我便愛他，也是個道理。」

「有這個道理，你既然想到了，我也不方便反駁。」

「你這樣說，好像我是委屈自己，嫁入豪門一般。其實我愛他甚麼呢？收入只夠供一間大排檔上面的小單位，兩個人每餐逼在卡位般的所謂飯廳裡吃飯。人又沒有預算，當初天花龍鳳，說我安心做個主婦，也是可以的。」

「後來呢？」

「後來當然不行，每人一份，還要各自儲錢買大牀，也大不到哪裡去了。你說，我不是愛他的人，還愛他甚麼？」

「愛他的人的甚麼呢？」

「嗯，那又很難形容，我見著他的時候，固然是歡喜的，那還不怎麼樣，倒是見面之後，我就滿有安全祥和的感覺，覺得是完成了一件必然的事情，漸漸，我就習慣欣賞自己一個人坐在牀上回想剛才見面時的姿態。所以，原先以為會做一個家庭主婦，有一個上午靜靜回味他的一切，然後下午畫一點畫，又差不多可以等他下班回家，這時我可以看著鐘，時候近了，連時分秒都特別行得驚心動魄。現在回想起來，便發覺，不但對他的愛不足以支持這樣一個寄情的場面，而且，也沒有足夠的金錢。」

「我總思疑你是因為太愛你自己才順帶愛上他，等待的姿態有甚麼可看呢？你等甲乙丙丁和等他也是一般的坐著吧，一切都從你自己出發，我總思疑……」

「我思疑你思疑得太過多，其實剛才我所講的或者都不是那麼真心，不過是覺得以前一段日子時日無多，你說有事找我，是甚麼事？」

「哦，我是要告訴你，我剛辦了離婚手續，我也時日無多了。」

從未如此漂亮過的蟑螂——

甲：

昨天晚上，我跟大伙兒上卡拉OK，嘻嘻哈哈吱吱喳喳狠狠的叫了一場。

不看螢光幕的時候，我就望著那道透明的門口，侍應與路過而好事的人，掩掩映映，不時往房內窺探。

我真希望有一次經過的是你，那時你就可以看見我一副浪蕩的樣子，你或者就會怪我不夠文靜，不夠優雅，那就好——看，這是因你不在而淪落的下場。

不過，我又非常肯定，你是不會怪的，於你無關痛癢的事，又從何怪起？

而且，是落實了，鐵定了不可能看見你的晚上，才安心跟另一些人尋歡去。

而且，那歡又從何說起。

聽別人略帶羞怯唱黃品源的〈你怎麼捨得我難過〉，看螢光幕一行行字打出來：

「最愛你的人是我，你怎麼捨得我難過，對你付出了這麼多，你卻沒有感動過。」

我想，那時，我的臉一定是隨著一行行歌詞變色。

除你親人以外，不知是不是有比我還愛你的人，如果有，真是同是天涯淪落人，與其流同等分量的淚，不如就做你的親人，合理的回報，光榮的身分。

至於付出那麼多……想起那一晚，你大概又忘了的那一晚，在一間佈置猥瑣的二流餐廳內，你忽然說：是沒有愛情這回事的。

像亦舒上了你的身，就當著明知深愛你的人面前說：哪裡找呢！每個人都自私，不肯付出。

那時，我真有一個衝動，就是拿起枱面的刀，刎頸以明志好了。

但，那刀只可以用來鋸扒，不夠利，而我自問，是不會為你死的，死了，無非增加一樁血淋淋的奇案，死因不明。

幸而，一隻蟑螂及時在你背後出現。

你一個閃身避過，便離開原座。

你驚惶的神色真是好看，但也比不上那從未如此漂亮過的蟑螂。

於是我就趁機奮不顧身，要跟你換座位，讓我背著那蟑螂好了。

誰知你問：你不怕啊？

你忘了我怕甚麼不怕甚麼愛誰不愛誰，在那一刻，也不要緊了。

因為我可以當著你面前，利用一隻我平常看見會怕得雞飛狗走的無辜的蟑螂，為你付出。

雖然不見得有生生死死的轟烈。

還可以做甚麼？寫這信告訴你，不是要邀功，只想你明白，豁了出去，那就是愛情。

乙

九一年十月二十日

乙：

去卡拉OK，跟朋友玩樂，有益身心，有甚麼好怪？既不想邀功，又有甚麼好寫？

甲

九一年十一月一日

enlighten & fish 亮光

書　　名：曾經 新版
　　　　　寫於 90 前後 153 篇生活筆記＋增訂 10 篇碎碎念小說
作　　者：林夕

出 版 社：亮光文化有限公司
　　　　　Enlighten & Fish Ltd
社　　長：林慶儀
編　　輯：亮光文化編輯部
設　　計：亮光文化設計部
地　　址：新界火炭坳背灣街 61-63 號
　　　　　盈力工業中心 5 樓 10 室
電　　話：（852）3621 0077
傳　　真：（852）3621 0277
電　　郵：info@enlightenfish.com.hk
網　　店：www.signer.com.hk
面　　書：www.facebook.com/enlightenfish

二零二五年四月初版

ISBN 978-988-8884-31-5
定　　價：港幣 $168
　　　　　新台幣 $640

法律顧問：鄭德燕律師